W0058570

Kreuzfahrt-Knigge
für die Frau von Welt

Peggy Günther

KREUZFAHRT-KNIGGE FÜR DIE FRAU VON WELT

DOs and DON'Ts auf hoher See

Lifestyle
**BUSSE
SEEWALD**

INHALTSVERZEICHNIS

Vorwort 7

**Warum gehen jetzt eigentlich
alle auf Kreuzfahrt?** 9

Exkurs. Albert Ballin 10

Vor- und Nachteile einer Kreuzfahrt 15

**Wie finde ich das richtige
Kreuzfahrtschiff?** 27

Das richtige Schiff – eine Frage der Größe 28

Das richtige Schiff – eine Frage des Stils 30

Exkurs. Kreuzfahrt made in USA....................... 31

Das richtige Schiff – eine Frage der Vorlieben
und Bedürfnisse 35

Das richtige Schiff – eine Frage der Gesellschaft 37

Das richtige Schiff – eine Frage des Preises 40

Exkurs. Schiff-im-Schiff-Konzepte 41

Reisevorbereitungen 45

Buchung 45

Vorfreude 51

Kurz vor Reisebeginn 52

Packen 53

Exkurs. Dresscodes.. 54

Bordleben 61

Der erste Tag 61

Orientierung 66

Alltag an Bord 68

Nebenkosten 70

    Exkurs. All-inclusive-Konzepte 71

    Exkurs. Heiraten an Bord 72

Kommunikation 74

Schlank an Bord 77

Krank an Bord 80

Alles hat ein Ende 83

Welche Route fürs erste Mal? 87

Der Klassiker im westlichen Mittelmeer 88

Antike Kulturen und Sonnenbaden im
östlichen Mittelmeer 92

Naturpanoramen und Wandertouren im Nordland 95

Städte-Hopping in der Ostsee 99

Schönwettergarantie auf den Kanaren 101

Traumreisen für Fortgeschrittene 103

Transatlantik 103

Segeltörn 107

Yachturlaub 111

Expedition 113

Flusskreuzfahrt 116

Kreuzfahrt-Trends der Zukunft 121

Glossar 126

ABC der Hochseekreuzfahrtanbieter 138

ABC der Flusskreuzfahrtanbieter 154

VORWORT

Kreuzfahrtschiffe sind ein eigener Kosmos im Universum der Urlaubswelten. Hier gelten ganz eigene Regeln und es gibt einige Fallstricke für Erstkreuzfahrer. Wir beginnen daher mit Tipps für den ersten Urlaub auf dem Wasser: von der Buchung bis zur Abreise. Dabei geht es weniger um Benimmregeln im Sinne des klassischen Knigge, sondern mehr um hilfreiche Informationen mit einem Augenzwinkern. Die Frau von Welt weiß schließlich eigentlich von Natur aus, wie sie sich perfekt in eine neue Umgebung einfügt.

Wer in den Mikrokosmos »Kreuzfahrt« eintaucht, wird mit wunderschönen Perspektiven belohnt. Vom Wasser aus entfalten viele Orte eine völlig andere Stimmung. Die zweite Hälfte des Buches widmet sich daher unterschiedlichen Kreuzfahrtrouten und ihren Vorzügen. Das Portfolio reicht von Klassikern für Einsteiger bis hin zu ausgefalleneren Ideen für erfahrene Seereisende. Lassen Sie sich inspirieren und kommen Sie an Bord, um die Welt auf die wohl komfortabelste Art kennenzulernen, auf die man reisen kann.

IHRE PEGGY GÜNTHER

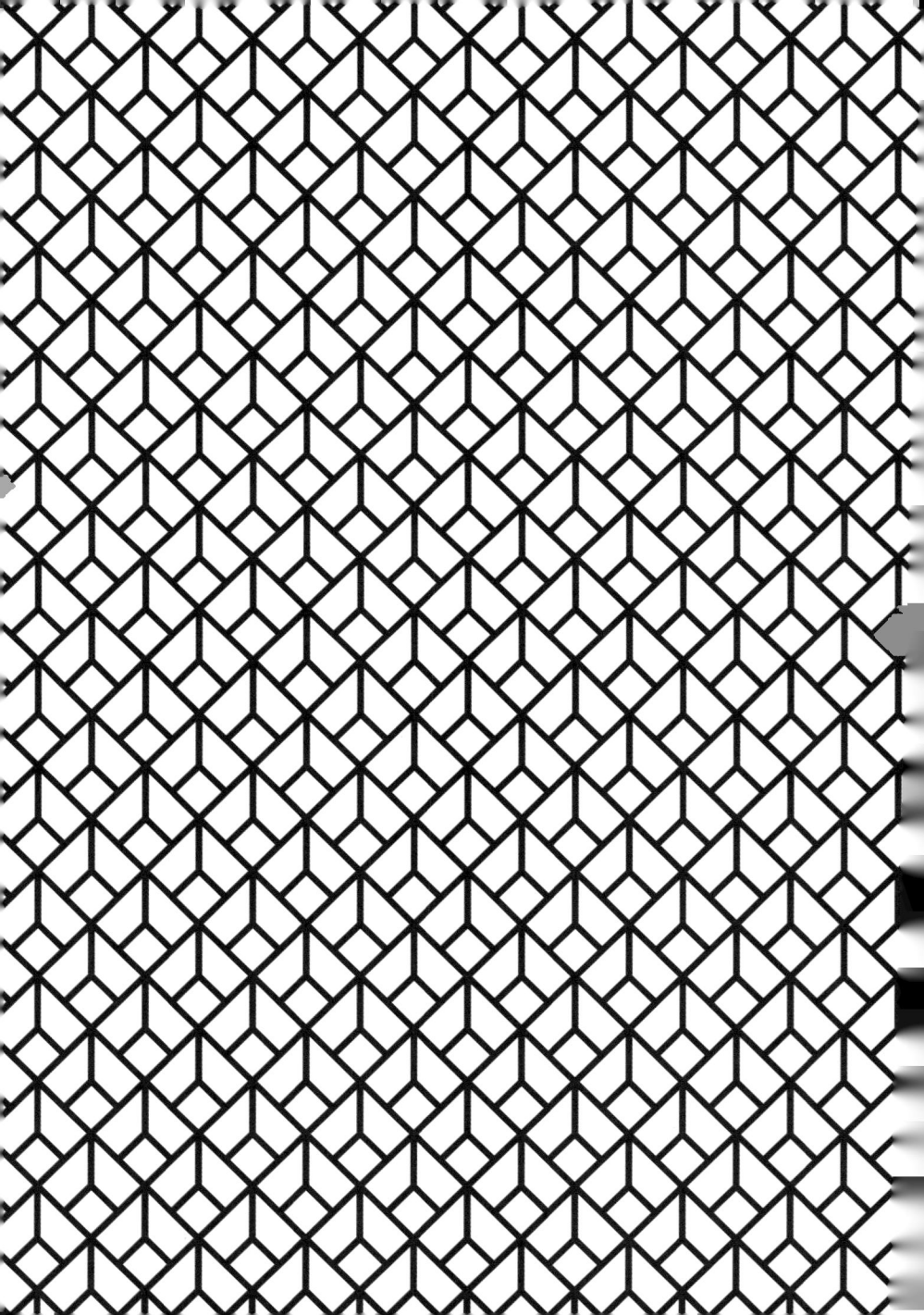

WARUM GEHEN JETZT EIGENTLICH ALLE AUF KREUZFAHRT?

W ir waren auf Kreuzfahrt!« – Immer öfter hört man diese Antwort auf die Frage nach dem letzten Urlaub, verbunden mit einem verschwörerischen Lächeln. Das Gegenüber gehört jetzt zum Club der Seereisenden, kennt sich aus auf hoher See und liegt damit voll im Trend. Seit wann sind Kreuzfahrten eigentlich so angesagt? Noch vor 20, 30 Jahren waren Seereisen doch eigentlich eine Reiseform für elitäre Senioren, die auf dem Traumschiff nach Präsentation der Eisbombe ins Bett gingen. Heute tummeln sich auf Kreuzfahrtschiffen hingegen jede Menge junge Paare und Familien zwischen Kletterwänden, 4D-Kinos und Eislaufbahnen. Wann zwischen Albert Ballins erster »Lustreise« im Jahr 1891 und heute hat sich die Kreuzfahrtwelt so verändert? Schauen wir kurz zurück. Nicht bis zu Albert Ballin, versprochen. Obwohl, wussten Sie, dass nur zwei Jahre nach der ersten deutschen Kreuzfahrt bereits eine Hamburgerin allein auf Weltreise ging? Generell waren Kreuzfahrten auch früher schon eine beliebte Reiseform wohlhabender Damen, um ohne Hotelwechsel etwas von der Welt zu sehen. Ja, die Kreuzfahrt ist weiblich und zwar nicht nur wegen ihres Artikels!

EXKURS

ALBERT BALLIN

Im 19. Jahrhundert diente die Schifffahrt nur einem Zweck: dem Transport. Nach den großen Auswandererwellen wurden vorwiegend Güter von A nach B verschifft. Die erste Seereise allein zur Vergnügung wird der Peninsular & Oriental Steam Navigation Co. Ltd. zugeschrieben. Die britische Reederei bot ab 1844 nicht nur Liniendienste, sondern auch organisierte Seereisen an. Drei Jahre später wurde die Hamburger Reederei Hapag gegründet, deren Generaldirektor Albert Ballin ab 1891 regelmäßig Vergnügungsreisen in wärmere Gefilde veranstaltete, um die Schiffe auch im Winter auszulasten. Die Reisen waren so erfolgreich, dass Ballin kurz darauf das erste speziell auf diese Reiseform ausgelegte Schiff bauen ließ – die »Prinzessin Victoria Luise« wurde im Jahr 1900 in Betrieb genommen.

Aber zurück zum Thema: Die Zeitrechnung der Eisbombenelite endete eigentlich ganz zufällig. Das erste Schiff der Carnival Cruise Line – die »Mardi Gras«, was so viel heißt wie Karnevalsdienstag – lief bei ihrer Jungfernfahrt 1972 auf eine Sandbank. Der US-amerikanische Reeder Ted Arison reagierte geschickt und ließ die Passagiere rund um die Uhr unterhalten. Der Schiffsname wurde zum Programm, und damit waren die »Fun Ships« geboren. Während die US-Amerikaner also bereits von den 1970ern an auf entspannten Karibiktouren ohne Kleiderordnung unterwegs waren, dauerte es noch gut 20 Jahre, bis die Idee nach Deutschland schwappte: 1996 wurde dann aber AIDA Cruises gegründet – mit Büfetts statt Captain's Dinner und Poolpartys statt Alleinunterhalter. Diese revolutionäre Idee am anderen Ende der Kreuzfahrtskala war der Startschuss für die Entwicklung all der neuen Konzepte, die heute irgendwo dazwischen schwimmen.

Im Juli 2004 kam dann die drei Monate alte »Queen Mary 2« erstmals nach Hamburg – das damals größte und teuerste Passagierschiff der Welt. 400.000 Schaulustige beobachteten an den Ufern der Elbe, wie sich das mächtige Stufenheck im Stil der alten Transatlantik-Liner vor die Hafenkulisse schob. Das Schiff der traditionsreichen Cunard Line wurde schon beim ersten Besuch zur Legende.

Immer mehr Fans standen in den darauffolgenden Jahren von den Landungsbrücken bis zum Elbstrand, wenn »ihre Queen« kam. Einmal mit diesem Schiff reisen, auf den legendären Bällen an Bord die ganz große Robe ausführen und exzellent speisen – ein Traum, der die kleine Prinzessin in uns Ladys glücklich macht. Das Beste daran: Er lässt sich sogar recht schnell und preisgünstig umsetzen – die »Queen Mary 2« bietet nämlich auch Schnuppertouren zwischen Hamburg und Southampton an.

Die Cunard Line gehört inzwischen übrigens, wie auch AIDA Cruises, zu Carnival. Ted Arison und sein Sohn haben ein wahres Imperium aus mehr als 100 Kreuzfahrtschiffen aufgebaut und stellen damit fast die Hälfte aller Hochseekreuzer weltweit. Und aus 639.000 deutschen Hochseereisenden im Jahr 2005 wurden innerhalb von zehn Jahren mehr als zwei Millionen Passagiere. Die können sich doch eigentlich nicht alle irren, oder?

VOR- UND NACHTEILE EINER KREUZFAHRT

Wenn ich bei wichtigen Entscheidungen nicht weiterweiß, mache ich gerne eine Pro-und-Contra-Liste. Und der wertvolle Urlaub gehört definitiv zu den wichtigen Entscheidungen des Jahres: Schließlich stehen den meisten von uns maximal 30 Urlaubstage pro Jahr zur Verfügung. Dass auch in Familien und Partnerschaften wir Frauen bestimmen, wo der Urlaub hingeht, ist bereits hinreichend erforscht. Also mal Butter bei die Fische: Was hat die Kreuzfahrt zu bieten? Und wo liegen ihre Schattenseiten?

Der wohl wichtigste Vorteil ist der Komfort: Obwohl man so viele unterschiedliche Destinationen sieht, packt man den Koffer nur einmal. Ja, man muss etwas genauer überlegen, was man alles mitnehmen möchte, da der nächste Laden unterwegs einige Seemeilen entfernt ist. Auch ich pendele immer noch vor jeder Kreuzfahrt eine ganze Weile unschlüssig zwischen Kleiderschrank und Koffer, zumal die Temperaturen auf hoher See meist nicht mit denen an Land vergleichbar sind. Aber wenn man dann alles in der eigenen Kabine verstaut hat, ist man für den Rest des Urlaubs fertig. Man wacht jeden Morgen an einem anderen Ort auf und der Kleiderschrank ist schon da. Das klingt traumhaft, oder? Auf Kreuzfahrten gibt es kein lästiges Ein- und Auspacken, nur um eine andere Stadt zu sehen. Es gibt auch keine zeitraubenden Auto- und Bahnfahrten oder gar Flüge von A nach B. Das Schiff bringt seine Passagiere über Nacht zu neuen Destinationen, und die Urlaubszeit kann höchst effektiv genutzt werden. So effektiv, dass man irgendwann sogar dankbar ist, wenn mal ein Tag auf See vor einem liegt. Schließlich wollen die vielen Eindrücke verarbeitet werden, und man möchte vielleicht auch einfach mal in dem schönen neuen Bikini am Pool liegen – ohne Sorge, an Land etwas zu verpassen. Eine Kreuzfahrt ist also die ideale Form der Städtereise, inklusive verordneter Erholung zwischendurch.

Eine Kreuzfahrt kann aber auch Sport- oder Wellness-Urlaub sein. An Deck wartet meistens eine Joggingbahn sowie ein Basketball-/Volleyball-Platz. Oft gibt es auch Golf-Simulatoren und -Trainer. Die Spa-Bereiche werden immer größer, das Angebot an aktiven Landausflügen immer vielfältiger. Und angesichts der kulinarischen Vielfalt an Bord ist es doch gut zu wissen, dass das Fitnessstudio maximal fünf Gehminuten vom eigenen Bett entfernt ist. Es ist übrigens immer sehr lustig zu beobachten, wie kurz vor Ende der Kreuzfahrt geduckte Gestalten ins Fitnessstudio schleichen, um sich unauffällig auf die Waage zu stellen. Ganz vorsichtig versteht sich, vielleicht ist sie dann gnädiger. Dabei ist es gar nicht so schwer, auf Kreuzfahrten die Figur zu wahren. Doch dazu später mehr.

Womit wir auch schon beim nächsten Pluspunkt wären: das Rundum-sorglos-Paket, bestehend aus Vollpension plus und Kabinenservice. Wer auf Kreuzfahrt geht, muss garantiert keine einzige Mahlzeit selbst zubereiten, und auch das Bett wird täglich wie von Zauberhand gemacht – eine wahre Erholung insbesondere für uns Frauen, an denen diese Jobs doch sonst oft hängenbleiben. Auch Eltern werden entlastet: In den Kids- und Teens-Clubs gibt es ein umfangreiches Programm für den Nachwuchs, sodass für Mama und Papa genug Zeit bleibt, einfach mal zu zweit aufs Meer zu schauen.

Apropos – wer nicht gerade die kostengünstige Innenkabine gebucht hat, profitiert vom garantierten Meerblick im eigenen Rückzugsbereich. Welches Hotel kann da schon mithalten? Ich kenne nichts Schöneres, als die sorgfältig von der Kabinenstewardess geschlossenen Vorhänge vor dem Zubettgehen wieder zu öffnen, um am Morgen vom Sonnenlicht geweckt zu werden und noch unter der warmen Decke das vorbeiziehende Panorama zu genießen. Na gut, meistens springe ich dann doch recht schnell aus dem Bett, um ein Foto von der neuen Umgebung zu machen. Es ist großartig, ein Land vom Wasser aus kennenzulernen. Oftmals präsentieren sich sofort die schönsten Ecken und nicht erst der triste Flughafen samt Zubringerautobahn. Hamburg, New York, Venedig, Istanbul – es lohnt sich wirklich, solchen Zielen die Chance auf einen perfekten ersten Eindruck vom Wasser aus zu geben.

An dieser Stelle müssen wir zum ersten Nachteil kommen: die Zeit für den Landgang. Um so viel wie möglich zu sehen, muss man natürlich auch weiterfahren – und das oft eher, als manchem Kreuzfahrtgast lieb ist. Und wenn man dann auch noch vom Hafen aus ein Stück bis in die Stadt fahren muss – wie beispielsweise von Civitavecchia nach Rom oder von Piräus nach Athen – kann eine Kreuzfahrt auch in Stress ausarten. Nachdem ich anfangs atemlos durch die Gegend gerannt bin, um am Ende des Tages zumindest die Hauptsehenswürdigkeiten abhaken zu können, lasse ich mich in manchen Häfen inzwischen einfach nur noch treiben. Eine Hauptstadt kann man nun mal nicht an einem Tag erkunden. Es lohnt sich viel mehr, einen oder zwei schöne Plätze bewusst zu genießen, als alles nur wie im Tiefflug wahrzunehmen. Warum nicht einen Cappuccino in dem netten kleinen Café trinken, an dem man zufällig vorbeigekommen ist und dabei den Puls der Stadt spüren? Für einen ersten Eindruck, ob man nochmal wiederkommen möchte, reicht die Zeit auf jeden Fall. Ein Abendessen im Hafen ist aber leider nur selten möglich, obwohl viele Reedereien die Liegezeiten inzwischen schon länger gestalten.

Manchmal ist es aber auch einfach nur wohltuend, nach einem ereignisreichen Tag am Abend in die vertraute, saubere und sichere Umgebung zurückzukommen. Ich weiß zum Beispiel nicht, ob ich mich ohne Kreuzfahrtschiff allein nach Indien getraut hätte. Apropos allein: Wer ohne Anhang auf einem Kreuzfahrtschiff unterwegs ist, hat es richtig gut. Man kann an jedem Abend Restaurant und Entertainmentprogramm aussuchen und muss die – zugegebenermaßen nicht immer geräumige – Kabine nicht teilen. Man findet jederzeit Anschluss, wird aber auch in Ruhe gelassen, wenn man es möchte. Leider bieten noch

nicht alle Reedereien spezielle Kabinen oder
günstige Tarife für Alleinreisende an. Auch
dazu später mehr.

Na gut, die Mitreisenden sind manchmal auch
ein Punkt auf der Contra-Liste. Das gilt vor allem, wenn eine Nation überhandnimmt. Dann
wird zu viel gemeckert, zu laut gefeiert oder
zu sehr gedrängelt. Erstaunlich ist jedoch: Eigentlich nimmt man 2000 Passagiere an Bord
nicht wirklich wahr – es sei denn, sie wollen
gerade wirklich alle dasselbe, zum Beispiel an
Land gehen – womöglich noch mit dem Tenderboot. Die Schiffscrew weiß aber, wie sie die Ab-
läufe optimal organisiert, sodass selbst solche
Situationen erträglich bleiben.

Wenn wir bei dem Beispiel-Schiff mit 2000
Passagieren an Bord bleiben, stößt man andererseits auch wieder auf einen großen Vorteil:
das überwältigende Entertainmentprogramm –
vom morgendlichen Stretching über den Mal-
oder Kochkurs bis hin zu mehreren Shows und
musikalischen Acts am Abend – und vieles davon ist im Reisepreis enthalten. Angst vor Langeweile ist also vollkommen unbegründet. Eher

im Gegenteil: Hyperaktive müssen darauf achten, die Seele auch wirklich mal baumeln zu lassen. Während ich auf meiner ersten Transatlantikreise zum Songwriting-Workshop, zum Tanzkurs und zum Fitness gehechtet bin, saß mein Vater einfach auf dem Balkon und hat beobachtet, wie die Farbe des Wassers jeden Tag wechselt. Auch eine Form von Entertainment.

Es gibt auch Argumente, die Vor- und Nachteil zugleich sind – je nach Perspektive. Aber selbst Passagiere, die zuhause mit ihrem Smartphone verwachsen sind, empfinden es eigentlich nach dem kalten Entzug am ersten Tag auf See als wahre Wohltat, mal nicht erreichbar zu sein. Internet- und Telefonverbindungen laufen an Bord über das Satellitennetz und sind daher nicht nur langsam, sondern vor allem exorbitant teuer. Auch hier hat bereits eine Gegenbewegung eingesetzt: Die meisten Reedereien rüsten in Sachen Technik inzwischen auf. Doch das muss der Chef zuhause ja nicht wissen.

Zum Schluss das Totschlagargument schlechthin: Seekrankheit. Ich halte dagegen: Erstens sind davon weitaus weniger Passagiere betroffen, als man immer denkt. Ich war schon auf vielen Schiffen unterwegs und habe noch nie jemanden mit grünem Gesicht gesehen. Höchstens mal im Tenderboot, das wackelt nämlich deutlich mehr als die großen, modernen Kreuzfahrtschiffe, die mithilfe von Stabilisatoren ruhig gehalten werden. Zweitens kann man auf diverse Arten vorbeugen und Abhilfe schaffen. Die Ingwerbonbons liegen nicht umsonst am Ausgang des Restaurants. Man muss nur dran glauben. Und drittens: Wer seine Seetauglichkeit testen will, der bucht einfach erst einmal eine Schnuppertour – vielleicht auf einem Fährschiff. Das sollte natürlich nicht unbedingt eine Herbstpassage von Hamburg nach Helgoland sein, denn da wackelt es garantiert heftiger als auf einem großen Kreuzfahrtschiff. Wobei es lustig ist, in der zweiten Klasse des Halunderjets kurz vor Helgoland zu hören, wie das Porzellan auf dem oberen Deck Samba tanzt. Ich denke jedoch eher an eine Überfahrt auf Kreuzfahrtfähren der jüngeren Generation. Eine ungefährliche Route wie Kiel-Oslo-Kiel. Die Schiffe, die hier verkehren, haben ein ganz ähnliches Angebot an Bord wie auf einem Kreuzfahrtschiff, sodass man sich schon einmal in diesen Mikrokosmos einfühlen kann. Denn es stimmt: Kreuzfahrten sind eine ganz eigene Welt. Und zwar eine schöne, gut gelaunte und vielfältige. Das Angebot reicht vom kleinen Segler für ein Dutzend Gäste bis zur schwimmenden Kleinstadt, ausgelegt auf mehr als 6000 Passagiere. Vom ultimativen Fun-Cruiser ohne jede Kleiderordnung bis hin zu Schiffen, bei denen die Herren an bestimmten Abenden ohne Krawatte nicht ins Bedienrestaurant gelassen werden. Vom wahr gewordenen Disney-Traum für Familien mit Kindern bis hin zu britischen Adults-only-Cruisern. Eigentlich gibt es für jeden das passende Schiff. Doch woher weiß frau, auf welchem Kreuzer sie sich am wohlsten fühlt? Darum geht es im nächsten Kapitel.

WIE FINDE ICH DAS RICHTIGE KREUZFAHRTSCHIFF?

Die »Europa 2« gleitet auf dem Werbeplakat von Hapag-Lloyd Cruises über strahlend blaues Wasser. Im Vorübergehen sagt eine Frau zu ihrem Mann: »Auf eine Kreuzfahrt hätte ich ja schon mal Lust. Wenn die Schiffe nur nicht so riesig wären …« Ich denke in diesem Moment: »Ich halte jetzt lieber den Mund und mische mich nicht ein.« Was die Dame leider nicht beachtet: Die »Europa 2« sieht nur deshalb so groß aus, weil sie so viel Platz pro Passagier bietet. 500 Passagiere auf einer Länge von 225 Metern klingt doch eindeutig besser als 2200 Passagiere auf einer Länge von 250 Metern, oder?

DAS RICHTIGE SCHIFF – EINE FRAGE DER GRÖSSE

Wenn man genau sein will, muss man nicht nur die Länge, sondern auch die Breite und Höhe in die Größenberechnung eines Schiffes einbeziehen. Und schon ist man bei der Bruttoraumzahl angekommen, die in den Datenblättern der Reedereien mit Einheiten von mehreren Zehntausend für Eindruck sorgt. Diese Maßeinheit beschreibt die Größe des Schiffes in Kubikmetern. Eine Bruttoraumzahl (BRZ) entspricht 2,8316 Kubikmetern. Oder, um es einfacher auszudrücken, einer Telefonzelle. Die »Europa 2« ist also genauso groß wie 40.000 Telefonzellen. Klingt nach einer Menge Platz, oder?

Echte Profis teilen jetzt die BRZ durch die Zahl der Passagiere und kommen so zur PSR. Das

ist auch schon der letzte mathematisch-kreuz-
fahrttechnische Fachbegriff. Versprochen! Aber
mit dem kann man beim nächsten Dinner richtig Eindruck schinden. PSR steht nämlich für
»Passenger-Space-Ratio«, also das Platzangebot pro Passagier. Und da liegt die »Europa 2«,
um bei dem Beispiel zu bleiben, mit 77,5 ganz
weit vorn. Zum Vergleich: Die »Queen Mary 2«,
die als letzter Transatlantik-Liner auch schon
viel Raum pro Passagier bietet, kann mit einer PSR von 48 aufwarten. Es gibt aber auch
Schiffe mit einer PSR von 20 – da stehen jedem
Passagier im Durchschnitt also nur 20 Telefonzellen an Bord zur Verfügung. Das ist bei Voll-
belegung an Tagen auf See schon mal spürbar.
Und die Reedereien achten eigentlich immer
darauf, dass die Schiffe voll belegt sind, denn
nur dann rechnen sie sich.

Neben dem Platz innerhalb des Schiffs ist
die äußere Größe natürlich genauso wichtig.
Denn sie entscheidet, welche Ziele das Schiff
anlaufen kann: Schiebt man sich mit Tausen-
den anderer Touristen durch Neapel, oder liegt
das Schiff im Golf von Neapel vielleicht sogar
direkt vor Capri, sodass man nur kurz ins Ten-

derboot steigt und schon nach zehn Minuten den ersten Limoncello genießt?

DAS RICHTIGE SCHIFF – EINE FRAGE DES STILS

Damit frau sich richtig wohlfühlt, braucht es das richtige Ambiente. Niemals würden wir die Halogen-Deckenfluter beim romantischen Dinner anschalten oder zu viele Details in der Deko mixen. Auf Schiffen begegnet man derartigen Strapazen fürs Auge allerdings recht regelmäßig. Wer empfindlich auf Stil und Design reagiert, dem sei ein Schiff der jüngeren Generation empfohlen. Der allgemeine Trend geht beim Kreuzfahrtschiffbau nämlich zu feinen Linien, zurückhaltenden Farben und – ganz wichtig – mehr Tageslicht.

Noch vor 15 Jahren waren manche Schiffe hingegen vollkommen nach innen gewandt. Öffentliche Räume, in die man wunderbar Bullaugen mit Blick aufs Meer hätte einbauen können, »glänzten« mit dunklen Hölzern und vernagelten Fenstern.

Gut, auch heute gibt es solche Sünden teilweise noch. Ein Luxusschiff der jüngsten Generation wirbt für Pavillons auf dem höchstgelegenen Sonnendeck des Schiffs: Privatsphäre, für die man ein paar Hunderter pro Tag hinblättert. Hier warten luxuriöse Liegen und Champagner – und riesige Flachbildschirme, die den Blick aufs Meer ersetzen. Der US-amerikanischen Zielgruppe fehlt wahrscheinlich nur noch die Klimaanlage. Aber solche Verirrungen sind inzwischen die Ausnahme.

EXKURS

KREUZFAHRT MADE IN USA

Auch wenn die ersten Kreuzfahrten von Europa aus starteten, sind heute die USA die dominierende Kreuzfahrtnation. Das liegt nicht nur daran, dass etwa die Hälfte aller Passagiere weltweit aus den Vereinigten Staaten kommen. Auch die wichtigsten Reedereien haben ihren Hauptsitz in den USA. Drei große Namen dominieren das Geschäft: Carnival Corporation aus dem Hause Arison mit einem Marktanteil von fast 50 Prozent, Royal Caribbean Cruises mit aktuell etwa 25 Prozent, und der Norwegian Cruise Line Holdings gehören derzeit zehn Prozent aller Schiffe weltweit.

Die meisten Kreuzfahrtschiffe werden zwar in Europa gebaut, aber sie gehören zu US-amerikanischen Konzernen. Dementsprechend interessant kann es werden, wenn Inneneinrichter in den USA ihre Vorstellung von mediterranem Design kreieren. Noch vor 15 bis 20 Jahren kamen dadurch einige seltsame »Stilblüten« auf den Markt, die einem bei längerer Betrachtung wirklich die Tränen in die Augen trieben. Achten Sie mal beim Stöbern in den Bildergalerien der Reedereien auf das Atrium. Das architektonische Prunkstück in der Mitte des Schiffs sollte früher – ähnlich wie bei manchen Hotels – möglichst eindrucksvoll viele Decks miteinander verbinden. Da konnte es oft nicht bunt genug sein.

Heute reichen meist auch drei oder vier Decks für ein Atrium aus, und das Design ist deutlich zurückhaltender. Stattdessen sind sogar auf US-Schiffen Restaurants mit Außenflächen zu finden, und auch die klassische Rundumpromenade aus der Zeit der Transatlantik-Liner erlebt auf einigen Neubauten eine Renaissance.

Hier erreicht man die Ziele, die das Fitnessarmband setzt, auch ohne die argwöhnischen Blicken der Kabinenstewardessen, weil man mehrfach über den eigenen Flur läuft, um sich die Kunst an den Wänden anzusehen. Hey, die Bilder waren wirklich schön!

Beim Kabinendesign haben sich inzwischen zum Glück eindeutig die skandinavischen Stilrichtungen durchgesetzt, was für eine angenehme Ruhe im privaten Rückzugsort sorgt. Natürlich wirken 18 Quadratmeter auch viel größer, wenn sie hell gehalten sind und über einen eigenen Balkon verfügen. Der gehört übrigens auch erst seit der Jahrtausendwende zum Standardprogramm. Früher ging man einfach davon aus, dass die Passagiere sich eh kaum in der Kabine aufhalten und die Aussicht lieber von Deck genießen. Heute ist ein eigener Balkon auf einem ausgebuchten Schiff ein wahrer Segen. Es soll allerdings schon Passagiere gegeben haben, die sich darüber beschwerten, dass sie beim Betreten ihres Balkons einen Blick auf die Stadt statt aufs Meer vorfanden. Ich stelle mir das Schmunzeln des Rezeptionsmitarbeiters vor, wenn er entgegnete: »In drei Stunden laufen wir aus, dann ist das Problem behoben – versprochen!«

Moderne Kreuzfahrtschiffe sind weit mehr als nur schwimmende Hotels. Sie sind kleine Städte. An Bord der größten Megaliner gibt es nicht nur Bars und Restaurants, sondern auch Shoppingmalls, Parks mit Grünpflanzen und jede Menge Attraktionen zum Zeitvertreib. Manche Designer werden da sehr kreativ. So gibt es Schiffe mit über die Bordwand hinausreichenden Planken, die man als Mutprobe angeleint betreten kann. Andere haben einen Kran an Bord, in dessen Ausleger man über dem Schiff schwebend neue Perspektiven bekommt. Ob man einen Fallschirmsprungsimulator oder einen Klettergarten auf hoher See wirklich braucht, ist Ansichtssache. Über Langeweile kann sich aber auf jeden Fall kein Passagier auf einem größeren Kreuzfahrtschiff beschweren.

DAS RICHTIGE SCHIFF – EINE FRAGE DER VORLIEBEN UND BEDÜRFNISSE

Die wichtigste Frage auf der Suche nach dem perfekten Schiff lautet: Was brauche ich? So unterschiedlich wie die weiblichen Charaktere sind auch die Reedereien und ihre Schiffe. Legen Sie Wert auf Deutschsprachigkeit? Auf ein vielfältiges Sportangebot? Auf erschwingliche Massagen? Auf hervorragendes Essen? Auf gute Lektoren, die Hintergrundinformationen zu Land und Leuten vermitteln? Wenn Ihre Liste der Vorlieben steht, rate ich zum Besuch eines Fachreisebüros. Deren Mitarbeiter werden regelmäßig an Bord vieler Schiffe eingeladen und haben einen guten Überblick über das Angebot. Sie wissen, dass es unter den deutschsprachigen Anbietern große Unterschiede gibt – von der klassischen Einschiff-Reederei, ausgelegt auf ein älteres Publikum, bis hin zu den größeren Einheiten von AIDA und TUI Cruises, die perfekt für Familien geeignet sind. Dass es bei AIDA ein FKK-Deck gibt, während TUI Cruises mit einem kostenfrei nutzbaren Saunabereich mit angeschlossenen Ruheräumen punktet. Dass die Massagen auf US-Schiffen meist sehr teuer sind, weil die Spa-Bereiche von externen Konzessionären betrieben werden. Dass diese Schiffe dafür aber mit einem vielfältigen sportlichen Angebot vom Hochseilgarten bis hin zum Surfsimulator aufwarten. Dass die Lektoren und das Essen bei Hapag-Lloyd Cruises extrem gut sind. Dass Oceania Cruises ein Geheimtipp für Gourmets ist. Dass aber auch Costa Kreuzfahrten dank einer Qualitätsoffensive inzwischen eine wunderbare italienische Küche an Bord hat. Vor allem aber können geschulte Reisebüromitarbeiter weiterhelfen, wenn es um spezielle Bedürfnisse geht. Wenn Sie auf Kreuzfahrt gehen möchten, obwohl Sie schwanger sind (das geht meist etwa bis zur 24. Schwangerschaftswoche). Wenn eine rollstuhlgerechte Kabine benötigt wird. Wenn unterwegs Dialysen durchgeführt werden müssen. Denn all das ist möglich – auf dem richtigen Schiff.

DAS RICHTIGE SCHIFF – EINE FRAGE DER GESELLSCHAFT

Ein nicht zu unterschätzender Faktor angesichts des begrenzten Raums, den ein Schiff bietet, sind natürlich die Nachbarn. Die Summe der Passagiere schafft eine Atmosphäre, die vor allem für uns Frauen ein wichtiger Wohlfühlfaktor ist. Die Stimmung auf einem deutschsprachigen Schiff ist eine ganz andere als die auf einem internationalen. Beides hat seine Vor- und Nachteile. Während es auf internationalen Schiffen häufig entspannt zugeht, finden hier Durchsagen über die Bordlautsprecher auch mal in fünf Sprachen statt – was manch eine vielleicht als störend empfindet. Ist die Mehrheit der Passagiere südländischer Herkunft, herrscht eine deutlich lebhaftere

Stimmung an Deck. Sind viele US-Amerikaner an Bord, ist die Garderobe häufig etwas legerer als wenn die Mehrheit der Passagiere französischer Herkunft ist.

Übrigens wird auch auf einem deutschen Schiff nicht zwingend überall Deutsch gesprochen. Die internationale Sprache der Seefahrt ist Englisch, und immer öfter arbeiten auch bei deutschen Reedereien Crewmitglieder, die vorwiegend Englisch sprechen. Das liegt daran, dass es immer schwieriger wird, deutschsprachigen Nachwuchs zu finden, der an Bord arbeiten möchte. In Positionen mit direktem Gästekontakt (zum Beispiel Housekeeping, Stewards) ist es aber eher die Ausnahme, dass ein Crewmitglied auf einem deutschsprachigen Schiff ausschließlich Englisch spricht.

Selbst bei ein und demselben Anbieter gibt es Unterschiede im Produkt: Costa ist beispielsweise dafür bekannt, dass im Sommer zahlreiche Kinder an Bord sind. Die Reederei hat aber auch drei Schiffe im Programm, auf denen der Nachwuchs nicht kostenlos in der Kabine der Eltern mitfahren kann und die dementsprechend weniger von Familien frequentiert werden (neo-Collection). Und AIDA Cruises fährt auf drei Schiffen das sogenannte Selection-Programm, das mit regionalen Speisen und ausgefallenen Routen sowie bekannten Destinationen zu ungewöhnlichen Jahreszeiten aufwartet.

Auch für Alleinreisende gibt es spezielle Angebote. So hat die Norwegian Cruise Line beispielsweise auf den Schiffen der jüngsten Generation nicht nur Studiokabinen zur Einzelbelegung, sondern auch eine Lounge an Bord, in der sich die Solo-Traveller treffen und für gemeinsame Aktivitäten verabreden können. Cunard hat bei den letzten Werftaufenthalten Kabinen für Alleinreisende nachgerüstet und bietet – wie viele andere Reedereien – auch einen Alleinreisendentreff an. Auf den langsamen Walzer im Ballkleid brauchen Single-Ladys übrigens nicht zu verzichten: Viele Reedereien, die formelle Abende veranstalten (wie Cunard, Crystal Cruises und Silversea) haben Gentleman Hosts an Bord, deren einziger Job es ist, die Damen zu unterhalten und mit ihnen zu tanzen. Richtig so!

DAS RICHTIGE SCHIFF –
EINE FRAGE DES PREISES

Selbstverständlich bestimmt auch das Urlaubsbudget das Kreuzfahrterlebnis ganz wesentlich. Dabei gilt es zu beachten: Wie teuer eine Kreuzfahrt wird, hängt nicht nur von der großgedruckten Zahl im Katalog ab. Der Reisepreis eines All-inclusive-Anbieters mag auf den ersten Blick teurer erscheinen, ist es am Ende aber vielleicht gar nicht.

Trinken Sie gern einen Cappuccino zum Frühstück? Einen Espresso am frühen Nachmittag? Einen Aperol-Spritz als Sundowner und ein, zwei Gläser Wein zum Essen? Das summiert sich! Zumal auf vielen Schiffen auf jedes servierte Getränk noch eine Servicepauschale und ein Trinkgeld aufgeschlagen werden.

Hier ist es ratsam, die eigenen Gewohnheiten kritisch zu hinterfragen. Zumal es viel entspannter sein kann, nicht über jedes Getränk nachdenken zu müssen.

Bei manchen All-inclusive-Preisen sind sogar die Landausflüge enthalten – ansonsten

oft ein ganz erheblicher Posten auf der Neben-
kostenrechnung.

Welche Frau hat nicht gern ein bisschen
Luxus im Urlaub? Wenn ein reines Luxusschiff
nicht ins Urlaubsbudget passt, könnte eine hö-
herwertige Kabinenkategorie eine Alternative
sein. Oftmals sind damit Privilegien verbunden, die nicht unterschätzt werden sollten,
wie zum Beispiel eine bevorzugte Einschiffung
oder Bordguthaben für die Internetnutzung.

EXKURS

SCHIFF-IM-SCHIFF-KONZEPTE

Immer mehr Reedereien bieten ihren Suitengästen zu-
sätzliche Annehmlichkeiten an. Eine eigene Lounge gehört eigentlich zum Standard, bei TUI Cruises gibt es
hier sogar rund um die Uhr kostenlos Champagner. Auch
speisen die Passagiere in den höheren Kabinenkategorien häufig in separaten, kleineren Restaurants mit einer
ausgesuchten Karte. Ein erheblicher Vorteil sind eigene
Außenbereiche. Nicht nur, weil der Kampf um die freie
Liege am Seetag ausfällt. Die Blicke der anderen Passagiere, wenn man die Bordkarte an die Tür zu dem Deck mit

den extraflauschigen Sonnenliegen hält, sind unbezahlbar! Oft sind all diese speziellen Bereiche miteinander verbunden, es gibt sozusagen ein kleines Luxusschiff im großen Schiff.

Ein Vorteil bei der Buchung einer höheren Kabinenkategorie auf einem großen Schiff ist, dass man trotzdem vom breiten Angebot an Bord profitiert: Es gibt nicht nur zwei Bars, wie vielleicht auf einem kleinen Luxusschiff, sondern zwölf und das Entertainment ist häufig auch deutlich besser. Und die privaten Rückzugsräume können deutlich größer ausfallen als auf kleinen Schiffen. Die größte Suite der Weltmeere misst sage und schreibe 622 Quadratmeter und ist übrigens auf einem Schiff der Norwegian Cruise Line zu finden.

Doch wie fühlt sich Kreuzfahrt-Luxus eigentlich an? Kaum angekommen an Bord, hat man schon den ersten Champagner in der Hand. Das Handgepäck übernimmt derweil selbstverständlich ein Crewmitglied, das einen auch persönlich zur Suite begleitet. Dort trifft man unter Umständen auf einen eigenen Butler, der mit weißen Handschuhen den Koffer ausräumt und eine Kopfkissenauswahl anbietet. Er steht rund um die Uhr zur Verfügung, auch wenn abends die Whirlpoolwanne einfach nicht blubbern will. Kanapees am Nachmittag, ein täglich aufgefüllter Obstkorb, frische Blumen, wohlduftende Marken-Amenities, seidenbezogene Bügel im (selbstverständlich begehbaren) Kleiderschrank – es sind all diese Kleinigkeiten, die sich zu einem Rundum-Wohlgefühl summieren. Jede Menge Streicheleinheiten für die Seele.

REISEVORBEREITUNGEN

BUCHUNG

Bei der Buchung stellt sich zuallererst die große Glaubensfrage: Online oder Reisebüro? Hand aufs Herz: Wenn das Fachreisebüro Ihnen geholfen hat, das perfekte Schiff zu finden, wollen Sie doch nicht wirklich wegen 50 Euro Bordguthaben anschließend im Internet buchen, oder? Wenn Sie Ihr persönliches Traumschiff selbst recherchiert haben, bleibt es natürlich Ihnen selbst überlassen, welchen

Buchungskanal Sie wählen. Sicherheitsliebend wie wir Deutschen sind, empfinden es viele Kreuzfahrer trotzdem als sehr beruhigend, in einem Reisebüro zu buchen. Da gibt es diesen Menschen an einem Schreibtisch, den sie hinterher persönlich aufsuchen können, wenn es nicht gefallen hat. Er wird sich also wohl Mühe geben und auch bei eventuellen Problemen helfen – wenn beispielsweise in der Luftfahrt mal wieder gestreikt wird und auf die Schnelle eine alternative Anreise gefunden werden muss. Ich möchte nicht behaupten, dass die Online-Reisebüros hier nicht helfen, aber gefühlt sind sie natürlich nicht so greifbar in ihren anonymen Callcentern.

Gut vorbereitet gehen Sie in den Buchungsprozess, wenn Sie sich bereits über die Kabine Gedanken gemacht haben. Der großgeschriebene Preis im Prospekt bezieht sich leider immer auf die günstigste Kabinenkategorie – das ist in den meisten Fällen eine Innenkabine. Wenn Sie die Kabine sowieso nur als Schlafzimmer ansehen und wissen, dass Sie keinerlei Probleme mit Seekrankheit bekommen, ist das eine durchaus vernüftige Wahl. Vor allem, wenn Sie zur Zeit der Mitternachtssonne nach Norwegen fahren. Tatsächlich sind aber eigentlich immer die Balkonkabinen zuerst ausgebucht. Kein Wunder, denn eine eigene kleine Sonnenterrasse und die Frischluftzufuhr sind wesentliche Pluspunkte.

Der Dauerbetrieb der Klimaanlage ist leider in allen Kabinenkategorien ein hinzunehmendes Übel. So nah am Wasser muss für einen regelmäßigen Luftaustausch gesorgt werden, damit die Feuchtigkeit in den Kabinen nicht zu hoch wird. In der Praxis kann das leider heißen: Sie sind nachts einem Kasten direkt über Ihrem Bett ausgeliefert, der laut summend kalte Luft in Ihr Gesicht pustet. Auf Schiffen der jüngeren Generation ist die Klimaanlage zum Glück meist an einem weniger aggressiven Ort angebracht. Und sie schaltet sich als Energiesparmaßnahme aus, wenn Sie die Kabine verlassen – oder aber die Balkontür offenlassen. Das sehen die Reedereien zwar nicht gern, da es das gesamte System durcheinanderbringen würde, wenn alle Passagiere es täten. Aber es ist einfach zu herrlich, mit dem Wellenrauschen einzuschlafen und wieder aufzuwachen.

Wenn Sie unsicher sind, ob Seekrankheit Ihnen vielleicht den Urlaub vermiesen könnte, empfiehlt sich eine Kabine in der Mitte und auf einem der unteren Decks. Hier bewegt sich das Schiff am wenigsten. Geräuschempfindliche Naturen sollten den Deckplan genauer studieren und die Nähe der Treppenhäuser meiden. Man glaubt gar nicht, wie viele Nachtschwärmer den Signalton des Aufzugs zum Albtraum werden lassen. Langschläfer könnten vorne auf den unteren Decks von der Ankerkette beziehungsweise dem Bugstrahlruder empfindlich im Schlaf gestört werden.

Nächste Frage: Anreise über die Reederei buchen oder auf eigene Faust, um ein paar Euro zu sparen? Wenn der Start nicht in Deutschland oder innerhalb Europas liegt, ist Vorsicht bei selbst organisierter Anreise geboten: Sollte es Probleme im Flugverkehr geben, müssen Passagiere, die in Eigenregie anreisen, selbst schauen, wie sie das Schiff erreichen. Das kann nicht nur teuer, sondern auch extrem nervenaufreibend werden, sodass der Erholungseffekt des Urlaubs dahin ist. Die Anreise über die Reederei kann (muss aber nicht) etwas teurer sein, dafür wird hier aber auch ein Rundum-sorglos-Programm geliefert. Am Flughafenausgang wartet schon eine freundlich lächelnde Person, die die Passagiere zum Transferbus geleitet. Die Koffer sieht man oft erst auf der Kabine wieder – zugegebenermaßen ein komisches Gefühl, aber das System funktioniert wirklich! Wenn Sie den Einstiegshafen vor der Kreuzfahrt näher kennenlernen möchten, ist eine selbst organisierte Anreise mit Hotelübernachtung eine Option – dadurch stehen die Chancen besser, pünktlich vor Ort zu sein, und Sie können Ihrem Schiff vielleicht sogar schon beim Einlaufen und Anlegen zusehen.

Bei der Reisebuchung lohnt es sich, auch einen Blick auf die Nebenleistungen zu werfen: Vielleicht gibt es Getränke-, Spa- oder Landausflug-Pakete vorab zum reduzierten Preis. Apropos An-Bord-Angebot: Wenn Sie unter Nahrungsmittelunverträglichkeiten leiden, sollten Sie diese schon bei der Buchung angeben. Die Reedereien kaufen lange im Voraus für die Schiffe ein und spezielle Produkte sind nicht überall auf der Welt erhältlich. Je früher die Crew Bescheid weiß, umso besser.

Und *last but not least:* Die Reisekrankenversicherung ist auch ein Punkt, um den Sie sich schon bei der Buchung kümmern sollten. Viele Reedereien haben zusammen mit großen Versicherungen »schwimmfähige« Pakete geschnürt, teilweise versprechen diese sogar Schadenersatz bei Seekrankheit. Sollten Sie bereits eine Reisekrankenversicherung besitzen, fragen Sie sicherheitshalber nach, ob Kreuzfahrten (oder sogar Expeditionen) mitversichert sind. Zwar verfügen alle Schiffe über ein gut ausgestattetes Hospital, aber falls wider Erwarten ein lebensbedrohlicher Notfall eintreten sollte: Eine Notausschiffung ist sehr, sehr teuer. Das wollen Sie wirklich nicht bezahlen müssen.

VORFREUDE

Nun kommt der schönste Teil der Reisevorbereitung. Die wichtigen Dinge sind gebucht, die Reiseunterlagen liegen vor – mit etwas Glück sogar in Papierform zum Durchblättern und Voraus-Träumen. Nun lohnt es sich, genauer zu recherchieren: Wie zentral ist der Liegeplatz des Schiffs in den verschiedenen Häfen? Was möchte ich sehen? Schaffe ich das auf eigene Faust oder buche ich hierfür am besten professionell organisierte Touren? Welche Landausflüge hat die Reederei im Angebot und welche Alternativen gibt es bei Online-Portalen wie Getyourguide?

Ich finde es immer ungemein spannend, mir eigene Tagesabläufe zusammenzustellen. Das ermöglicht Chancen auf viele kleine Glücksgefühle: Wenn der Busplan im Internet dem vor Ort entspricht, wenn man das Ziel ganz allein erreicht und die Ruhe genießen kann, bevor der Tourbus kommt, wenn die Intuition einen in eine besonders schöne Gasse führt, wenn man noch Zeit hat, eine lokale Spezialität zu probieren, bevor es zurück aufs Schiff geht, wenn man vielleicht sogar mit Einheimischen ins Gespräch gekommen ist, wenn man das Gefühl hat, wirklich dagewesen zu sein – wenn auch nur kurz. Gerade weil die Zeit begrenzt ist, lohnt sich die Vorbereitung. Und dafür braucht man eine gute Internetverbindung. Doch die gibt es selten auf dem Schiff. Daher fängt man am besten schon zuhause mit der Recherche an.

Reiseführer steigern ungemein die Vorfreude. Beim Schmökern legt man innerlich schon mal eine To-Do-Liste an, was man gerne sehen, schmecken, riechen möchte. Inspirierend sind auch Romane, die in der Region spielen – wobei diese auch die perfekte Reiselektüre für den Pool ist. Apropos: Sollten wir nicht langsam mal den Koffer packen?

KURZ VOR REISEBEGINN

Viele Reedereien erwarten von ihren Passagieren, dass sie ein Bordmanifest ausfüllen oder bieten die Möglichkeit zum Online-Check-in.

Das hängt mit den verstärkten Sicherheits-
maßnahmen seit den Anschlägen vom 11.
September 2001 zusammen: Spätestens 24
Stunden vor Auslaufen des Schiffs müssen den
Behörden bereits alle Passagierdaten vorliegen.
Auch wenn es etwas dauert, sollte man die
Reiseunterlagen daher wirklich genau durchle-
sen – und zwar nicht erst im Flieger.

PACKEN

Auch Packen braucht ein wenig Vorbereitungs-
zeit. Bei uns Frauen ja eigentlich immer, aber
eine Kreuzfahrt ist schon ein fortgeschrittenes
Level. Wie gesagt, der nächste Laden ist unter
Umständen ein paar Seemeilen entfernt. Die
Wetterprognose für die Häfen sagt nichts über
die Zeit zwischen den Landgängen auf See aus.
Und dann auch noch diese Dresscodes! Fangen
wir doch damit gleich mal an: In den Reiseunterlagen für eine Kreuzfahrt gibt es fast immer
Kleidungsempfehlungen, die aber zum Glück
längst nicht mehr so streng sind.

DRESSCODES

Die Kreuzfahrtwelt unterteilt sich grob in drei aufeinander aufbauende Stilwelten: Die lockerste Kategorie ist **sportlich-leger** (oder **casual, country club, resort casual**) – wobei ich mich immer noch frage, was daran sportlich ist. **Do:** Sommerkleidchen. **Don't:** Flip-Flops.

In der breiten Mitte liegt **sportlich-elegant** (oder **semi-formell, elegant-casual, smart-casual**). **Do:** Stoffhose und schickes Top, schlichtes Etuikleid, Blazer. **Don't:** Spaghetti-träger.

An Galaabenden (maximal zwei pro Woche) gilt der Dresscode **formell** (oder **black-tie, festlich**). **Do:** Langes oder kurzes Abendkleid, eleganter Hosenanzug. **Don't:** grobe Stoffe.

Leider werden die Dresscodes von Reederei zu Reederei sehr unterschiedlich ausgelegt. Dabei spielt auch nicht unbedingt die Schiffsklasse eine Rolle. Selbst auf Luxusschiffen kann es recht leger zugehen – schließlich sollen die Urlauber nicht allabendlich in formelle Kleidung gezwungen werden, die sie vielleicht schon im Alltag tragen. Andererseits wurden Herren ohne Krawatte auch schon bei etwas günstigeren Reedereien an der Tür zum Restaurant abgewiesen. Die gute Nachricht für Schickmach-Muffel: Im Wesentlichen konzentriert sich der Dresscode auf die Restaurants mit Service am Platz. Wer seine Shorts also auch am Abend auf keinen Fall gegen eine lange Hose tauschen will, kann immer noch ins Büfettrestaurant gehen. Derjenige möge aber auch beachten, dass ihm dann die besten Speisen entgehen. Denn am Galaabend werden traditionell Rinderfilet, Hummer und ähnliche Leckereien serviert.

Und wir Damen machen uns ja eigentlich auch gerne mal schick. Um das Gepäcklimit beim Check-in nicht zu überschreiten, beschränke ich mich übrigens zuerst bei den Schuhen: Ein Paar Pumps und ein Paar schicke Ballerinas sind eine gute Grundausstattung. Letztere sind an Tagen mit Seegang selbst an formellen Abenden erlaubt. Auch ein langes Abendkleid ist bei keiner Reederei mehr Zwang – ein edles Cocktailkleid reicht immer. Schwieriger ist die Jeansfrage zu klären.

Während auf manchen Schiffen Designerjeans vollkommen in Ordnung sind, wird auf konservativeren Linern schon mal die Nase über die »Arbeiterhose« gerümpft. Ich gehe abends mit Stoffhosen auf Nummer sicher.

Auf keinen Fall im Koffer fehlen dürfen zudem:

❂ bequeme Turnschuhe (für den Landgang und fürs Fitnessstudio)

❂ eine Jacke/ein dünner Pullover (auch im Sommer ist es auf offener See selten windstill)

❂ ein leichtes Tuch (zum Schutz gegen Sonne, Wind, Klimaanlagen, die Sittenpolizei an Land)

❂ eine unauffällige Tasche für den Landgang (ich greife hier gern zum Typ »Selbstgenäht«)

❂ Basis-Reiseapotheke (Mittel gegen Erkältungen, Durchfall, Schmerzen, geschundene Füßen, kleinere Hautverletzungen, gegebenenfalls allergische Reaktionen, Seekrankheit)

○ Kopfhörer (für den ungestörten Genuss des Sonnendecks)

○ ein guter Sonnenschutz (Sonnencreme ab LSF 30, Sonnenbrille, bei Bedarf: Sonnenhut)

○ Bikini und Sportklamotten

Bei der Wahl des Koffermodells greife ich gern zu Hartschalen, die passen aufgeklappt immer gut unters Bett. Darüber hinaus empfiehlt sich ein ausreichend großes Handgepäckstück. Es sieht zwar immer dekadent aus, gleich mit zwei Koffern anzureisen – aber wofür sind wir denn Frauen? Da dürfen wir auch mal ein Klischee bedienen. Und es gibt nichts Schlimmeres als eine Kreuzfahrt ohne Koffer. Das passiert aber leider gar nicht so selten, insbesondere, wenn man bei der Anreise mehrere Flugsegmente genießen darf. Mindestens ein Outfit, besser zwei sollten daher in den kleinen Koffer, den man immer bei sich behält. Darüber hinaus gehören hier hinein:

- alle Reisedokumente (und sicherheitshalber auch eine Kopie des Reisepasses)

- Kreditkarte

- wichtige Medikamente für unterwegs

- Kamera

- Sonnenbrille

- ein Bikini und die Sonnencreme (So können Sie schon am Pool liegen, während die anderen noch auf ihren Koffer warten.)

Natürlich gibt es in einigen Ländern auch Dinge, die nicht in den Koffer dürfen. In Thailand beispielsweise sind Elektrozigaretten verboten, Indonesien und die Vereinigten Arabischen Emirate sind sehr streng, was Medikamente angeht. Es empfiehlt sich unbedingt, vor Reisebeginn die Hinweise des Auswärtigen Amtes zu lesen.

Aufgrund des Feuerschutzes an Bord müssen übrigens auch sämtliche Geräte, die Hitze entwickeln, zuhause bleiben – wie etwa das Glätteisen oder der Lockenstab. Wer zur Naturkrause neigt, braucht letzteren dank der Seeluft ohnehin nicht, ersteres dürfte die eine oder andere jedoch sicherlich schmerzlich vermissen. Zum Glück gibt es einen Bordfriseur für den Galaabend.

Und Bügeleisen haben im Gepäck ebenfalls nichts zu suchen. Viele Schiffe haben Waschsalons inklusive Bügelstationen an Bord, in denen man seine Wäsche selbst waschen und bügeln kann. Ein genauer Blick auf den Deckplan verrät Ihnen, ob Ihr Schiff dazugehört. Allerdings sind die Schlangen hier manchmal länger, als man denkt. Vielleicht gönnen Sie sich auch einfach den Luxus, die zerknitterte Lieblingsbluse der Kabinenstewardess anzuvertrauen, die sie gegen Gebühr in der Bordreinigung aufbügeln lässt. Sie sind doch schließlich im Urlaub, oder?

BORDLEBEN

DER ERSTE TAG

Zugegeben, die Einschiffung auf einem Cruiseliner für 4000 Passagiere gehört nicht gerade
zu den Sternstunden des Urlaubs. Die Gesichter im Terminal sind meistens genauso lang
wie die Schlangen, und auch wenn ein Dutzend Check-in-Schalter zur Verfügung stehen,
dauert es bei großen Schiffe einfach, bis so
viele Menschen erfasst und ihren Kabinen zu-
geordnet sind.

Meine lustigste Einschiffung habe ich auf der Full Metal Cruise erlebt. Die Schlangen waren zwar ebenso lang wie sonst, die Passagiere aber voller Vorfreude, was vielleicht auch an den schwindenden Biervorräten des Duty-free-Shops im Terminal gelegen haben mag. Die langhaarigen, ungelenken Jungs in schwarzen T-Shirts mit bösen Motiven ließen sich vom Warten einfach nicht die Laune verderben – so müsste das eigentlich immer laufen. Aber auf einem deutschen Schiff wird das wohl die absolute Ausnahme bleiben.

Wie dem auch sei, am Schalter angekommen, geht es dann eigentlich ganz schnell: Ausweis, Check-in-Formular und Gesundheitsfragebogen abgeben (»Nein, ich bringe keine Erkältung, Durchfallerkrankung oder Fieber mit an Bord ...«), Foto, Kreditkarte einlesen lassen, und dann bekommt man schon seine Bordkarte – und mit etwas Glück auch einen Deckplan dazu.

Anschließend müssen alle Passagiere durch eine Sicherheitskontrolle, die der am Flughafen ähnelt. Dann darf man die Gangway hinauf und dabei ungläubig an der Bordwand emporschauen. Egal, wie oft man schon auf Schiffen zu Gast war, die Größe beeindruckt immer wieder. Meist begrüßen Crewmitglieder die Neuankömmlinge im Herzen des Schiffs und weisen den Weg zur Kabine.

Dort findet man auf dem Bett normalerweise das Tagesprogramm vor, das nicht nur weiterhilft, falls durch die Anreise eine spürbare Leere im Magen entstanden ist (Restaurantöffnungszeiten). Hier steht auch die Uhrzeit der Seenotrettungsübung – des einzigen obligatorischen Termins auf der Kreuzfahrt. Dabei erfahren Sie unter anderem, dass das Orange der Rettungsweste wirklich niemandem gut zu Gesicht steht. Sie lernen aber auch, dass das Rauchen aus Feuerschutzgründen nur an wenigen Stellen des Schiffes erlaubt ist. Und dass es »Mann über Bord« heißt, falls Sie jemanden ins Wasser fallen sehen. Das Szenario »Frau über Bord« scheint nicht vorzukommen.

Nicht obligatorisch aber trotzdem extrem wichtig ist der Besuch beim Maître d'hôtel, falls dieser Sprechstunden am ersten Tag anbietet. Der Restaurantchef ist verantwortlich für die Zuteilung der Tische und da gilt auf manchen Schiffen: *First come, first serve.* Gerade in beliebten Spezialitätenrestaurants sollte man frühzeitig auf der Matte stehen, um einen Tisch am Seetag oder zu einer angenehmen Uhrzeit zu ergattern. Angenehm heißt: mit genügend Abstand zum Ende der Landgangszeit, um sich in Ruhe frischmachen zu können. Und auch im Hauptrestaurant sind die kleineren Tische am Fenster schnell vergeben. Wobei es auch an einem größeren Tisch sehr lustig sein kann. Vor allem, wenn man im Gespräch beobachtet, wie sich die Ehepaare an den Zweiertischen anschweigen. Zum Glück gelten die festen Sitzplätze nur für den Abend. Falls es sie überhaupt noch gibt – der Trend geht zur spontanen Sitzplatzvergabe nach Eintreffen im Restaurant. Morgens und mittags herrscht eigentlich überall freie Platzwahl.

Zu den weiteren Willkommensveranstaltungen am Einschiffungstag zählt auf US-amerikanischen Schiffen eine Kennenlern-Tour im Spa. Oft werden dabei auch Spa-Guthaben oder Behandlungen verlost, was der preisempfindlichen europäischen Kreuzfahrerseele natürlich sehr entgegenkommt. Jenseits des Atlantiks sind dreistellige Summen für Massagen normal, manche von uns bringt das jedoch in Konflikt mit dem Reisebudget. Interessanterweise nehmen oftmals gar nicht so viele Urlauberinnen an den Verlosungen zum Kennenlernen teil. Vielleicht liegt es daran, dass man bei der Ziehung der Gewinner persönlich anwesend sein muss, und man hat natürlich noch eine Menge anderer Dinge zu tun am Einschiffungstag. Die Chancen stehen also besser als bei jeder anderen Lotterie! Mit etwas Glück bekommen Sie so vielleicht sogar das »24 Karat Gold Facial« für 325 US-Dollar kostenlos. Auch Botox- und Hyaluronbehandlungen gibt es auf einigen Schiffen – getreu dem Motto: »Du hast dich aber gut im Urlaub erholt.« Apropos Spa: Auf internationalen Schiffen sollten Sie daran denken, dass die deutsche, hüllenlose Saunakultur ein No-Go ist.

Damit sie all die Veranstaltungsorte sowie Ihre Kabine am ersten Tag auch auf Anhieb finden, folgt nun ein typisch weibliches Kapitel.

ORIENTIERUNG

Ich bin mit einem einigermaßen guten Orientierungssinn gesegnet. Geschult durch die Straßenkarten meines Vaters, mit deren Hilfe ich früher auf Autofahrten ansagen sollte, wo es langgeht – was waren das noch für analoge Zeiten! Aber auch ich habe mich schon auf Kreuzfahrtschiffen verlaufen. Ganz fies: die Decks Zwei und Drei im Heck der »Queen Mary 2«. Es ist kein Zufall, dass es auf den jüngsten Schiffen nahezu an jeder Ecke digitale Lagepläne gibt, auf denen man den aktuellen Standort sieht und sich teilweise sogar eine Route zum Zielort erstellen lassen kann. Aber mit den nachfolgenden Tipps kommen Sie auch ohne Navi durchs Schiff.

Sicher haben Sie Ihre Kabine schon vor Reisebeginn auf dem Deckplan ausfindig gemacht und wissen also, ob sie sich auf der Steuerbord- oder auf der Backbordseite befindet. Auf vielen Schiffen liegen auf einer Seite die geraden und auf der anderen die ungeraden Kabinennummern – aber eine feste Regel gibt es hier leider nicht. Trösten Sie sich, falls die Orientierung auf der Steuerbord-Backbord-Achse in den ersten Stunden noch nicht so richtig klappt: Wenn das Schiff fährt, funktioniert das meistens besser.

Für Außenstehende klingt es seltsam, aber auch hinten und vorn ist für manche Kreuzfahrt-Neulinge ein Problem. Klar, vorn ist da, wo die Brücke ist, und hinten schaut man aufs Kielwasser. Aber innerhalb des Schiffes? Da gibt es eine einfache Eselsbrücke: Vorn trifft man tendenziell eher schlanke Menschen an: Hier sind klassischerweise das Theater (unten) und das Fitnessstudio (oben) angesiedelt. Außerdem gibt es meistens eine Lounge mit einer wunderbaren Aussicht voraus. Hier wird getrunken (grüner Tee natürlich) und nicht gegessen. Ganz anders hinten, denn hier sind oft die Gourmet-Tempel zu finden. Die Restaurants mit Service am Platz befinden sich tendenziell eher auf den unteren Decks, das Büfettrestaurant oben, oft mit angeschlossener Terrasse. Da zwischen vorne und hinten mehr als 300 Meter liegen können, orientiert man sich am besten an den dazwischenliegenden Treppenhäusern.

Gibt es derer drei und sind diese vom Bug ausgehend mit A, B und C benannt, weiß man schnell, wo man sich befindet. Zumal in den Treppenhäusern immer auch Hinweisschilder hängen, was wo zu finden ist. Übrigens gibt es auf den Decks mit öffentlichen Räumen häufig in der Nähe der Treppenhäuser auch ein WC – nur so als praktischer Tipp unter Frauen.

ALLTAG AN BORD

Das Leben an Bord eines Kreuzfahrtschiffes ist einfach. Während des Abendessens wird das Programm für den nächsten Tag verteilt, in dem alle wichtigen und unwichtigen Termine stehen: vom Morgen-Yoga über die Zeit, zu der sich die Ausflugteilnehmer treffen, das Serviettenfalten am Nachmittag, bis zur Cocktailstunde mit Livemusik. Weitere wichtige Informationen, die sich hier finden: potenzielle Zeitumstellungen in der Nacht, die Wettervorhersage für den nächsten Tag und der Dresscode. Letzterer gilt übrigens meistens ab sechs

Uhr abends. Die allerwichtigste Information im Tagesprogramm: das Ende der Landgangszeit.

Indirekt verrät das Tagesprogramm sogar, wann und wo man auch an Tagen auf See ein ruhiges Plätzchen an Bord findet: 11 Uhr Bayrischer Frühschoppen auf dem Sonnendeck? Eine prima Zeit, um im Gym die freien Geräte zu nutzen, wenn man kein Weißwurst-Fan ist. 17 Uhr Happy Hour in der Bar? Warum nicht jetzt noch eine Runde im Pool drehen? Selbstverständlich ohne die Haare nasszumachen, denn sonst schafft man es unter Umständen nicht mehr pünktlich zum Abendessen. Antizyklisches Verhalten kann auf Kreuzfahrtschiffen sehr hilfreich sein. Warum nicht das Mittagessen ausfallen lassen und sich dafür auf der perfekten Liege niederlassen?

Zum Glück gehört die Zeit der permanenten Liegenreservierung (eine in der Sonne und eine im Schatten pro Person) auf den meisten Schiffen der Vergangenheit an: Viele Reedereien sind nämlich dazu übergegangen, unbesetzte Liegen nach einer halben Stunde zu räumen. Das ist doppelt ärgerlich für die Reservierungsprofis, die früher extra im Morgengrauen aufgestanden sind: Erstens wird auf die Pooltücher oft ein Pfand erhoben und zweitens müssen sie die zurückgelassene Urlaubslektüre, Sonnenbrille und ähnliches an der Rezeption abholen.

NEBENKOSTEN

Wenn Sie nicht gerade all-inclusive gebucht haben, kommen an Bord einige Nebenkosten auf Sie zu. Vor allem Landausflüge und Getränke schlagen spürbar zu Buche. Für beides gibt es häufig Paketangebote, deren Beachtung sich lohnt. Aber das haben Sie ja als aufmerksame Leserin dieses Buches bereits bei der Buchung erledigt.

Das Thema Trinkwasser ist leider problematisch an Bord. Noch immer wird auf manchen Schiffen zu den Mahlzeiten gechlortes Eiswasser ausgeschenkt, das den Spaß am Essen verdirbt. Auch das Leitungswasser in der Kabine ist nicht genießbar. Eine Flasche Wasser aus

EXKURS

ALL-INCLUSIVE-KONZEPTE

Ein kleiner Überblick über die Höhe der Nebenkosten an Bord:

All-inclusive: Azamara Club Cruises, Crystal Cruises, Ponant, Regent Seven Seas Cruises, SeaDream Yacht Club, Seabourn, Silversea Cruises

Erweitertes Inclusiv-Angebot: TUI Cruises, Norwegian Cruise Line

Moderate Nebenkosten: AIDA Cruises, Costa Kreuzfahrten, MSC Kreuzfahrten, Hansa Touristik, Phoenix Reisen, Hapag-Lloyd Cruises, FTI Cruises, Plantours Kreuzfahrten, Sea Cloud Cruises, Star Clippers

Hohe Nebenkosten: Carnival Cruise Lines, Cunard, Princess Cruises, Royal Caribbean International, Celebrity Cruises, Oceania Cruises

der Minibar kostet jedoch häufig mehr als eine Flasche Prosecco zuhause. Gut zu wissen: Eine Wasserflasche wird nach dem Landgang bei der Taschenkontrolle an der Gangway üblicherweise toleriert, eine Flasche Prosecco hingegen nicht. Auch für Wein, der von zuhause mitgebracht wird, erheben die meisten Reedereien ein sogenanntes »Korkgeld«, sprich: Es kostet genauso viel, zum Hochzeitstag den selbst mitgebrachten Lieblingswein zu öffnen wie eine Flasche von der Karte zu bestellen.

EXKURS

HEIRATEN AN BORD

Es stimmt, Sie können sich an Bord das Ja-Wort geben. Damit dieses jedoch rechtskräftig wird, muss einiges beachtet werden. Formell gilt auf Schiffen immer der Rechtsrahmen des Staates, in dem sie registriert sind. Das ist bei TUI Cruises beispielsweise Malta. Natürlich muss man sich vorher um die notwendigen Papiere gekümmert haben. Die Reedereien sind dabei gern behilflich und stellen auf Wunsch auch gleich das passende Paket aus Blumenschmuck, Sektempfang und romantischem Dinner zusammen. Mit Blick aufs Opernhaus von Sydney rechtskräftig zu heiraten, geht übrigens leider nicht: Das Schiff muss sich in internationalen Gewässern befinden, also mindestens zwölf Meilen vom Land entfernt. Alternativ gibt es für Romantikerinnen natürlich Symbolzeremonien – ohne Papiere aber mit Traumstrand.

Die Bilder, die der Bordfotograf von Ihnen macht, sind solange kostenlos, wie sie an der Fotowand hängen beziehungsweise im Computer bleiben. Sollte Ihnen ein Foto gefallen, werden mal mehr und mal weniger hohe Preise erhoben. Aber zu besonderen Anlässen – beispielsweise an formellen Abenden – lohnt es sich vielleicht, mal in den Profi zu investieren. Falls Sie gerne selbst zur Kamera greifen: Auf manchen Schiffen gibt es sogar ausgewiesene Selfie-Spots, die auf den perfekten Hintergrund hinweisen.

Wer im Spa nicht zu viel Geld lassen möchte, achte im Tagesprogramm auf Angebote an Hafentagen. Wenn der Großteil der Passagiere von Bord gegangen ist, sind nicht nur oft die Massagen günstiger, auch das Platzangebot in der Sauna lässt sich wunderbar genießen.

Übrigens druckt die Rezeption gerne eine Zwischenrechnung aus, wenn Sie den Überblick behalten möchten. Auf modernen Schiffen findet sich diese auch im Entertainmentsystem des Fernsehers auf der Kabine.

KOMMUNIKATION

Ein Kreuzfahrtschiff ist ein Mikrokosmos, und das Interesse am Rest der Welt schwindet meist mit jedem Tag an Bord noch ein Stückchen mehr. Die vier Seiten Nachrichtenüberblick aus der Welt da draußen, die an der Rezeption ausliegen, werden mal gelesen und mal nicht. Da Internet und Telefon auf hoher See extrem teuer sind, fällt auch der Kontakt zur Heimat zeitweise aus (wenn man nicht gerade zur Generation der *Digital Natives* gehört). Und das ist auch gut so, denn im Urlaub möchte man schließlich neue Eindrücke sammeln. Falls man dann aber doch mal mit dem Rest der Welt kommunizieren möchte, sollte man darauf achten, wo im Hafen besonders viele Crewmitglieder auf ihr Smartphone schauen: Oft gibt es Hotspots im Terminalgebäude, die sogar kostenfrei genutzt werden können.

Da das Internet aus unserem Alltag nicht mehr wegzudenken ist, rüsten auch immer mehr Schiffe nach: Leistungsfähigere Verbindungen und Internetpakete gehören auf Neubauten bereits zum Standard. Auch Social-

Media-Flatrates sind im Kommen. Ob man das wirklich braucht oder vielleicht lieber einfach mal *Digital Detox* macht, bleibt natürlich jedem selbst überlassen.

Beim Telefonieren ist Vorsicht angesagt – selbst wenn das Schiff im Hafen festgemacht hat, sollte man vor dem Plausch mit der besten Freundin lieber noch mal überprüfen, dass auf dem Display auch wirklich ein »Landnetz« angezeigt wird. Wenn da noch etwas wie »Cell-AtSea«, »On Waves« oder »TIM Maritime« steht, wird es teuer. Da das auch für ankommende Anrufe gilt, schalte ich das Smartphone auf hoher See sicherheitshalber in den Flugmodus. Das ist auch einfach entspannter.

Sind die elektronischen Geräte erst einmal stumm, bleibt viel mehr Zeit, sich mit den Mitreisenden zu beschäftigen. Manchmal sogar zu viel Zeit: nämlich jeden Abend zwei Stunden lang beim Fünf-Gänge-Menü. Worüber redet man nur mit völlig Fremden die ganze Zeit?

Zurückliegende Urlaubserfahrungen sind immer ein dankbares Thema. Mit der Frage nach dem Lieblingsschiff ist der erste Abend so gut wie abgehakt, weil sofort leidenschaftlich verglichen und gefachsimpelt wird. Fast alle Kreuzfahrtpassagiere sind Wiederholungstäter. Am nächsten Abend geht es dann weiter mit Fragen wie: »Welche Reise hat Sie am meisten beeindruckt/wollten Sie immer schon mal machen?« Profis verabreden am Tisch, wer an welchem Ausflug teilnimmt, dann haben alle am Abend etwas anderes zu erzählen.

Um einige Themen macht man hingegen lieber einen großen Bogen. Die deutsche Eigenart, über den Preis der Reise zu diskutieren, führt nur zu Missstimmung. Auch nach dem beruflichen Hintergrund sollte man nicht unbedingt fragen, schließlich machen gerade alle Urlaub. Hobbys und Sport sind bessere Gesprächsalternativen. Auf US-Schiffen gilt darüber hinaus die Small-Talk-Regel: *No sex and no politics*. Angesichts der aktuellen politischen Situation in den USA ist dieses ungeschriebene Gesetz der guten Laune am Tisch wohl auch zuträglicher denn je.

Ebenfalls zum Thema Kommunikation gehört der Kontakt zur Crew. Egal ob auf Deutsch oder auf Englisch, die Crew hat eigentlich immer ein offenes Ohr. Besonders gern natürlich für ein Lob oder ein Dankeschön. Aber auch, wenn etwas mal nicht rund läuft, sollte man sich nicht still ärgern und lediglich am Ende den Bewertungsbogen vollschreiben sowie das Trinkgeld einbehalten. Es klingt banal, aber: »Sprechenden Menschen kann geholfen werden.« Trotzdem berichten viele Hotelmanager immer wieder, dass die Urlauber erst am Tag der Abreise sagen, was sie gestört hat. Dabei hätte vorher vielleicht etwas geändert werden können. Also, trauen Sie sich und sprechen Sie an, was Ihren Urlaubsgenuss schmälert – nicht gegenüber den Mitreisenden, sondern gegenüber der Crew.

SCHLANK AN BORD

In den Kreuzfahrtunterlagen, die jeder Passagier vor der Reise bekommt, fehlt ein wichtiger Warnhinweis. Neben Dresscodes und Optionen, die man auch nachträglich noch buchen kann, sollte erklärt werden: »Auch wenn sie dafür bezahlt haben, müssen Sie nicht ausnahmslos jede Gelegenheit, etwas zu essen, nutzen.« Fieserweise gibt es nämlich jede Menge Gelegenheiten, auch zwischen den drei Hauptmahlzeiten: Am Pool locken Burger oder Eis, am Nachmittag gibt es Kaffee und Kuchen und der Mitternachtssnack kommt nach zwei, drei Gläsern Wein genau richtig. Auf vielen Schiffen kann man sich rund um die Uhr im Büfettrestaurant bedienen und wenn der Weg dahin vom heimischen Balkon aus zu weit scheint, gibt es auch noch den Room Service. Ach, und an Land möchte man ja auch noch etwas Lokales probieren.

Ja, es stimmt: Seeluft macht hungrig und die leichten Schiffsbewegungen manchmal erst recht. Trotzdem ist man dem vielen Essen nicht hilflos ausgeliefert. Ein großer Vorteil auf Schiffen sind die Salatbüfetts. Was gibt es Schöneres, als mittags einfach nur einen Salat mit frisch gegrilltem Fisch oder Fleisch zu essen? Viele Reedereien bieten inzwischen auch am Abend eine gesunde Alternative. Zugegeben, es erfordert ganz schön viel Selbstbeherrschung, das kalorienarme Süppchen statt der Pasta zu bestellen, aber das muss ja auch nicht jeden Abend sein. Wenn es dann doch das Surf 'n' Turf statt des Wildkräutersalats wird, verzichtet man einfach aufs Dessert. Meistens stimmt das Preis-Leistungs-Verhältnis zwischen Kalorien und Geschmack hier sowieso nicht.

Darüber hinaus hilft natürlich eins: viel Bewegung. Wenn Sie zum Beispiel darauf verzichten, den Aufzug zu benutzen, sammeln sie genug Bewegungs-Punkte – da darf es auch mal ein kleines Stück Kuchen am Nachmittag sein. Vom ersten Tag an ins Fitnessstudio zu gehen, ist ebenfalls eine gute Devise. Oft werden da prima Kurse angeboten, die mehr Spaß machen als das Gefühl, auf dem Ergometer den Schiffsmotor unterstützen zu müssen. Aktive Landausflüge sind eine weitere gute Alternative zum Kalorienabbau, zumal man das Land auf dem Rad, beim Wandern oder im Kajak viel besser mit allen Sinnen kennenlernen kann. Wer möglichst viele Destinationen auf eigene Faust erkundet, der läuft ohnehin kilometerweit zu Fuß. Auf vielen Reisen habe ich dadurch tatsächlich ab- statt zugenommen. Und das trotz so einiger böser Alkoholkalorien. Der Aperol Spritz zum Ablegen muss einfach ab und zu sein.

Am Abreisetag esse ich übrigens immer ein Omelett. Das hält lange satt und bewahrt das Kalorienkonto vor üblen Flughafensnacks. Und am Tag der Anreise gehört ein Apfel in die Handtasche. Allerdings sollte man den aufgegessen haben, bevor man in ein Land fliegt, in dem die Einfuhr von Obst verboten ist. Um Gurkenscheiben und Paprikastreifen werde ich im Flugzeug häufig von Sitznachbarn beneidet, die das labbrige Sandwich der Airline unter Umständen ohne ein Getränk herunterwürgen müssen, weil der Service wegen Turbulenzen eingestellt wurde.

KRANK AN BORD

Eigentlich möchte man nicht darüber nachdenken, aber manchmal passiert es doch: Kaum fällt der Arbeitsstress weg, wird man krank.

Wenn es nur eine Erkältung ist, bekommt man die mit der Reiseapotheke in den Griff. Gegen leichte Reiseübelkeit gibt es meist kostenlose Tabletten an der Rezeption. Manche Passagiere schwören auch auf Ingwer, Akupressur (Nei-Kuan-Punkt) oder Scopolamin-Pflaster hinterm Ohr, die ein Mittel gegen Übelkeit abgeben. Prinzipiell hilft gegen Seekrankheit aber auch dieses kostenlose Rezept: frische Luft und ein weiter Blick auf den Horizont. Lassen Sie sich auf die Bewegung ein, statt dagegen anzukämpfen. Das können wir Frauen doch eigentlich sehr gut. Es würde mich mal interessieren, ob eigentlich mehr Männer seekrank werden.

Aber was, wenn es ernster wird? Zum Glück hat jedes Kreuzfahrtschiff einen Arzt und ein Hospital und an Bord. Letzteres ist erstaunlich gut ausgestattet: Hier gibt es Betten zur stationären und intensivmedizinischen Betreuung, außerdem steht eine breite Palette moderner diagnostischer Hilfsmittel zur Verfügung: Labor, EKG, Ultraschall, Röntgen. Und wenn der Bordarzt nicht mehr weiterweiß, kann er sich bei vielen Reedereien mit Kollegen an Land beraten. Leider kommt man im Bordhospital mit der deutschen Versichertenkarte nicht weit. Abgerechnet wird per Kreditkarte, und die Kosten richten sich nach dem Staat, unter dessen Flagge das Schiff fährt. Das kann schnell teuer werden, deshalb ist eine Auslandskrankenversicherung äußerst ratsam.

Wer vor Reisebeginn weiß, dass er auf ärztliche Hilfe angewiesen ist, sollte schon bei der Buchung darauf hinweisen. So kann die Reederei darüber aufklären, welche gesundheitliche Versorgung möglich ist. Bei AIDA Cruises werden beispielsweise Bauchfelldialysen angeboten, bei Hapag-Lloyd Cruises und Transocean ist auf einigen Reisen auch ein spezieller Dialysearzt an Bord. Die Kosten dafür werden sogar von der Krankenkasse erstattet. Alle Informationen gibt es unter www.diacare.ch.

Noch ein Wort zu den Horrorgeschichten, die immer wieder zum Thema Norovirus die Runde machen. Wo viele Menschen auf engem Raum zusammenleben, verbreiten Viren sich natürlich schneller. Deswegen stehen an der Gangway und vor den Restaurants Desinfektionsmittelspender, die man auch wirklich nutzen sollte. Da sich zum Glück die Mehrheit der Passagiere an diese Regel hält, sind Norovirus-Erkrankungen auf Kreuzfahrtschiffen deutlich seltener ein Problem als in vergleichbar großen Hotels an Land.

ALLES HAT EIN ENDE ...

Man ist gerade so richtig schön an Bord angekommen, da liegen auch schon Kofferanhänger auf dem Bett, weil die Reise in zwei Tagen endet. Zum Glück informiert die Kreuzfahrtleitung frühzeitig über die drohende Rückkehr ins reale Leben – auf einem Infozettel oder im Rahmen einer Veranstaltung gibt es alle Details zur Ausschiffung. Je nach Transferzeit und -art werden alle Passagiere anhand farbiger Gepäckbanderolen in Gruppen eingeteilt.

Und leider endet das Kreuzfahrtglück meist früh am Morgen, denn schließlich müssen Hunderte, wenn nicht gar Tausende Kabinen für die Neuankömmlinge gereinigt und vorbereitet werden.

Was gilt es vor der Abreise zu beachten? Neben der allgemeinen Trinkgeldregelung an Bord freuen sich natürlich auch die Stewards im Restaurant und an der Bar sowie die Hausdamen über eine persönliche Zuwendung. Auch wenn es manchmal so wirkt: Die Handtücher haben sich nicht von selbst gefaltet.

Das große Gepäck muss meistens am späten Vorabend vor der Kabinentür stehen, deswegen empfiehlt es sich, vor dem letzten Abendessen zu packen. Und dabei nicht das Outfit für den nächsten Morgen zu vergessen. Wobei bisher vorwiegend männliche Passagiere im Bademantel gesichtet wurden, die im Terminal mit hochrotem Kopf nach ihrem Koffer gesucht haben. Vergessliche Naturen leeren auch den Safe bereits vor dem Zubettgehen. Ich habe zwar schon von Reedereien gehört, die regelmäßig teure Schmuckstücke nachsenden, aber das muss ja nicht sein.

Am Morgen der Abreise findet sich in der Nähe der Kabinentür die Abschlussrechnung. Wer im Laufe der Reise eine Kreditkarte registriert hat, braucht nichts mehr zu tun – außer vielleicht sich über den Betrag zu wundern und bei näherer Betrachtung der einzelnen Posten festzustellen, dass alles stimmt. Und dann geht meistens alles ganz schnell – also, je nach Schiffsgröße. Auf größeren Cruisern darf man nach dem letzten Frühstück in den öffentlichen Bereichen auf den Aufruf der farbigen Gepäckbanderole warten. So können die Passagiere in einem Sessel gemütlich ihr Buch lesen, statt sich in den Treppenhäusern in der Nähe des Ausgangs die Beine in den Bauch zu stehen.

Wenn der Heimflug erst am Nachmittag geht, kann man sogar noch einmal in den Pool hüpfen oder das Fitnessstudio besuchen, um später ganz entspannt im Flieger zu dösen – diese Alternativen müssen natürlich beim Packen am Vorabend bereits eingeplant werden.

Im Terminal stehen dann die Koffer fein säuberlich nach Farben aufgereiht. Nach Verlassen des Hafengeländes noch ein letzter wehmütiger Blick zurück zum Schiff, das weiß in der Sonne glänzt, und schon hat der Alltag einen wieder. Aber die nächste Kreuzfahrt kommt bestimmt, es gibt schließlich noch so viele schöne Häfen zu entdecken ...

WELCHE ROUTE FÜRS ERSTE MAL?

Die Route für die allererste Kreuzfahrt auszusuchen, ist ungefähr so schwierig wie sich für ein Paar Pumps vom Lieblingsdesigner zu entscheiden. Sie sehen einfach alle großartig aus. Als Eingrenzungshilfe kann die Reisezeit dienen. Sollte der Urlaub im Juli oder August liegen, bieten sich beispielsweise das Nordland oder die Ostsee an. Dann ist die Chance auf gutes Wetter groß, und die Tage sind lang. Das Mittelmeer ist hingegen im April und Mai sehr schön, wenn die Urlaubsorte erst langsam zum Leben erwachen und noch nicht überfüllt sind. Auch im September und Oktober kann man hier noch Glück mit dem Wetter haben. Im Winter sind die Kanaren ein sicheres Ziel, das auch ohne lange Anreise erreichbar ist. Schließlich will man sich vor der ersten Kreuzfahrt ja nicht tagelang in Flugzeuge zwängen, wenn man noch gar nicht weiß, ob eine Seereise überhaupt die passende Urlaubsform ist. Beleuchten wir die Einsteigerrouten genauer.

DER KLASSIKER IM WESTLICHEN MITTELMEER

Meine allererste Kreuzfahrt führte mich im August rund um Italien. Das Schiff bot Platz für 2000 Passagiere. Auf dem Lidodeck herrschten gefühlte 50 Grad Celsius, und ich schaute sehnsüchtig hinab auf die glitzernden Wellen. Mitten auf dem Mittelmeer und doch so weit weg vom kühlen Nass. Trotzdem: Rom, Messina, Dubrovnik, Venedig – eine Destination war schöner als die andere. Der Klassiker im westlichen Mittelmeer ist eine Rundreise, die Barcelona, Palma de Mallorca und einen oder mehrere italienische Häfen beinhaltet: Civitavecchia als Ausgangspunkt für Ausflüge nach Rom, von Livorno aus geht es nach Florenz und Pisa und in Neapel starten die Ausflüge zum Vesuv.

Die großen Städte an einem Tag zu entdecken, ist eine Herausforderung. Daher empfinden es viele Kreuzfahrer als angenehm, wenn auch kleine Häfen angelaufen werden. Monte Carlo, Nizza, Cannes, Saint-Tropez – das sind Highlights, die häufig auf den Routenkarten kleinerer Schiffe liegen. Mondäne Yachten und Luxusautos gehören zu diesen Refugien der Reichen und Schönen ebenso wie schicke Bars an der Promenade, wo es ums Sehen und Gesehenwerden geht. Von Santa Margherita Ligure erreicht man in zehn Minuten mit einem lokalen Fährboot Portofino – und erlebt dabei wohl eine der schönsten Hafeneinfahrten *en miniature*. Die bunten Häuser strahlen in der Sonne, und auf dem Rückweg kann man dem längsten roten Teppich der Welt folgen. Das fühlt sich gut an. Und dann noch die Inseln! Auf Korsika legen die Schiffe in Ajaccio an – ein Spaziergang zum Plage Trottel, einem wunderschönen Strand gar nicht weit vom Stadtzentrum, lohnt sich immer. Oder man besucht das Geburtshaus von Napoleon. In Cagliari, der größten Stadt auf Sardinien, wandert man durch den Elefantenturm hinauf in die Altstadt und verschafft sich vom Kastell aus einen Überblick über die historischen Gassen. Und die maltesische Hauptstadt Valletta bietet sich auch als Ausgangspunkt für einen Ausflug auf die Nachbarinsel Gozo an, die noch ursprünglicher und ruhiger als die Hauptinsel ist.

Großartig ist es auch, wenn ein Kreuzfahrtschiff über die Meerenge von Gibraltar hinausfährt und Ziele, die am Atlantik liegen, zur Route gehören – ob Lissabon im Norden oder Rabat beziehungsweise Casablanca im Süden. Leider ist das eher selten der Fall. Seit dem Arabischen Frühling trauen sich nur noch vereinzelt Reedereien nach Marokko. Dabei ist es so spannend, im direkten Vergleich zu sehen, wie sich die Kulturen am Mittelmeer gegenseitig beeinflusst haben. In den prächtigen Alcazabas Südspaniens finden sich arabische

Sterne und Schriftzeichen, in Marokko ragen Minarette in den Himmel, die wie Kirchtürme einen quadratischen Grundriss haben.

Übrigens werden inzwischen das ganze Jahr über Kreuzfahrten im westlichen Mittelmeer angeboten. Die Reedereien bauen nicht mehr ausschließlich Schiffe für schönes Wetter. Die jüngsten AIDA-Einheiten beispielsweise haben ein Foliendach über dem Poolbereich, durch das man bei Sonnenschein sogar braun werden kann. Viele andere Schiffe sind mit einem sogenannten Magrodome ausgestattet – einem Glasdach über dem Pool, das je nach Wetter offen oder geschlossen ist. Allerdings gibt es im Herbst oder Winter natürlich auch eher mal eine bewegte See – diese Reisezeit ist also nichts für empfindliche Mägen.

ANTIKE KULTUREN UND SONNENBADEN IM ÖSTLICHEN MITTELMEER

Ausgangspunkt vieler Kreuzfahrten im östlichen Mittelmeer ist Venedig. Zum Glück dürfen große Cruiseliner zum Schutz der historischen Bausubstanz nicht mehr direkt an der Altstadt vorbeifahren. Es fühlt sich auch wirklich falsch an, von oben auf den Markusplatz herunterzuschauen. Und selbst wenn man mit einem »dicken Pott« außerhalb in Marghera anlegen muss, spätestens bei der Anfahrt mit dem Tenderboot zieht die Lagunenstadt jeden mit ihren Reizen in ihren Bann. Auch die vorgelagerten Inseln – zum Beispiel Murano mit der berühmten Glasbläserkunst – lohnen sich.

Überhaupt hat Italien auch auf der Ostseite viel zu bieten: Die prächtigen Palazzi von Triest, das geschichtsträchtige Ravenna, der kilometerlange Sandstrand von Rimini und die Seefahrerstadt Ancona, um nur ein paar Beispiele zu nennen.

Die griechischen Inseln gehören zu den beliebtesten Zielen im östlichen Mittelmeer, allen voran natürlich Mykonos und Santorin. Die kykladische Architektur sorgt mit strahlend weißen Häusern und himmelblauen Dächern für gute Laune. Kein Wunder, dass die asiatischen Hochzeitspaare hier zum Fotografieren Schlange stehen. Dabei gibt es noch sehr viel mehr zu sehen: die Drehorte von »Mamma Mia« auf Skopelos sowie die mächtigen Ruinen von Limnos, Delos und Naxos.

Oder wie wäre es mit einem Ausflug nach Troja vom türkischen Çanakkale aus? Staunend steht man vor meterdicken hohen Mauern und fragt sich, wie diese Steine in der Bronzezeit bearbeitet werden konnten. Was von den Versen Homers Dichtung und was Wirklichkeit ist. Spannend ist auch ein Stopp in Kuşadası, von wo Ausflüge nach Ephesus starten, eine sehr gut erhaltene römische Siedlung. Im nahegelegenen Selçuk kann man sogar den Spuren der Jungfrau Maria folgen. Apropos Türkei: Istanbul gehört definitiv zu den Top Ten der Hafeneinfahrten. Dasselbe gilt für die Bucht von Kotor in Montenegro, eingerahmt von schroffen Felswänden. Kleine Juwelen im östlichen Mittelmeer: Rafting auf dem Fluss Cetina oder eine Wanderung durch den Nationalpark von Hvar in Kroatien, vorzüglicher Fisch und Weißwein als einziger Gast eines Restaurants direkt am Wasser im albanischen Sarande.

Übrigens, im westlichen Mittelmeer wie auch im östlichen Mittelmeer werden deren südliche Abschnitte eher selten angefahren. Früher war Alexandria ein beliebter Stopp für Ausflüge zu den Pyramiden. Auch Reisen ins Heilige Land sind eigentlich sehr beliebt, zählen aber eher zu den Raritäten im Kreuzfahrtkatalog.

Ein Klassiker im östlichen Mittelmeer ist hingegen Dubrovnik – ich wünsche Ihnen einen Tag mit wenigen Kreuzfahrtschiffen, damit Sie die historische Altstadt auch wirklich genießen können. Eine großartige Alternative wäre sonst Split – hier kann man hervorragend am Abend bei einem kühlen Getränk zwischen historischen Mauern Livemusik lauschen.

NATURPANORAMEN UND WANDERTOUREN IM NORDLAND

Eine Kreuzfahrt in den hohen Norden hat den charmanten Pluspunkt, dass man von einem deutschen Hafen aus starten kann. Geht es in Rostock oder Kiel los, erwartet die Passagiere erst einmal ein entspannter Tag auf See entlang der dänischen Küste. An der Nordspitze des Landes – dem Skagerrak – treffen Nord- und Ostsee aufeinander und die Magie des Nordens ist bereits spürbar. Oft pfeift hier eine steife Brise entlang der Schiffskanten. Der Wind zerrt an den Haaren, und die Gischt der Wellen sprüht bis hinauf auf die oberen Decks des Schiffs. Die Wolken rasen am Himmel entlang, das glitzernd-graue Meer rauscht gewaltig. Sanft wiegt sich das Schiff in der Strömung, der Schlaf ist tief und erholsam.

Es gibt kaum etwas Beeindruckenderes als die Einfahrt in einen Fjord. Je weiter das Schiff ins Landesinnere vordringt, umso enger wird die Schneise zwischen den wachsenden Bergen. Scheinbar in Zeitlupe setzen sich Wasserfälle vor Felswänden in Szene, bevor sie im dichten sattgrünen Wald verschwinden. Wenn die Flüsse genug Wasser tragen, sieht man im Geirangerfjord gleich sieben Wasserfälle direkt nebeneinander in die Tiefe rauschen – die berühmten »Sieben Schwestern«, die durch den Fjord von einem weiteren Wasserfall – dem »Freier« – getrennt sind. Letzterer nimmt übrigens kurz vor der Wasseroberfläche die Form eine Flasche an. (Der Sage nach wurde der Freier durch vergebliches Werben zum Alkoholiker.) Am Ende des Fjordes führt ein Ausflug hinauf zum Gletschersee. Kinder können hier bis in den Juli hinein Schneemänner bauen.

Es muss jedoch nicht immer der Geiranger sein, auch der Sognefjord in Südnorwegen ist spektakulär. Oder der Nærøyfjord als einer der schmalsten befahrbaren Fjorde Teil des UNESCO-Weltnaturerbes. 1700 Meter ragen die Steilwände auf, gerade mal 300 Meter breit ist die Durchfahrt. Die höchsten Lagen der Berge tragen das ganze Jahr über eine Schneekrone. An vielen Tagen verschwindet sie im Wolkenmantel, der manchmal bis zur dunkelgrünen Wasseroberfläche hinab reicht. Dann stürzen die Wasserfälle scheinbar direkt aus den Wolken. Mehr Landschaft geht nicht.

Am Ende des Aurlandsfjordes steigt man in die Flåmbahn, deren sattgrüne Waggons sich in nur 40 Minuten 867 Meter hoch ins Gebirge schrauben. Auf dem Weg zur Bahnstation Myrdal hält der Zug ganz nah an einem Wasserfall, wo sich mit ein wenig Glück sogar eine mystische Elfengestalt zeigt. Wer den historischen Zug schon kennt, kann vom Örtchen Flåm aus auch wunderbar auf Wandertour gehen – beispielsweise zu einer Stabholzkirche oder zu einem weiteren Wasserfall, an dem idyllisch Schafe weiden.

Vom Ende des 94 Kilometer langen Romsdalsfjordes aus geht es zum Trollstigen, einer engen Straße mit unzähligen Haarnadelkurven. Die Berge hier sind gemäß der nordischen Mythologie versteinerte Trolle, die beim Feiern einer Hochzeit die Zeit vergessen haben. Warum nicht den 407 Meter hohen Aussichtspunkt Varden erklimmen, von dem aus man die 222 Berggipfel der Umgebung sehen kann?

Wenn das Schiff einen Abstecher nach Stavanger macht, ist die Wanderung auf den

Preikestolen Pflicht. Kleine Menschen auf dem massiven Felsplateau sind das wohl bekannteste Fotomotiv Schwedens. Statt mutige Selfies nah am Abgrund zu schießen, kann man auch einfach nur die wahnsinnige Aussicht über den 600 Meter tiefer gelegenen Lysefjord genießen.

Selbst in Bergen, der zweitgrößten Stadt Norwegens, gibt es Gelegenheit zum Wandern. Der Hausberg Floyen ist 319 Meter hoch und bietet einen tollen Blick auf die sechs anderen Hügel in der Gegend. Na gut, es fährt auch eine Bahn hinauf. Außerdem ist das außerhalb gelegene Freilichtmuseum Gamle Bergen ein echter Hit: Die wieder aufgebauten Häuser vom Ende des 19. Jahrhunderts werden durch Schauspieler zum Leben erweckt. Auf dem Weg zum Schiff noch ein Bummel durch die Gassen des Stadtviertels Bryggen mit seinen schiefen Häusern und vielleicht ein Fischbrötchen auf die Hand. Frischer wird der Fisch nicht.

STÄDTE-HOPPING IN DER OSTSEE

Weiße Nächte in Sankt Petersburg – eine romantische Vorstellung, die auf vielen Reise-Wunschlisten steht. Und tatsächlich ist es großartig, die russische Metropole im Sommer zu besuchen, wenn es niemals richtig dunkel wird. Zum Pflichtprogramm gehört eine Kanalfahrt im warmen Abendschimmer. Neben den zahlreichen Höhepunkten der Innenstadt ist der Katharinenpalast mit dem rekonstruierten Bernsteinzimmer ebenso ein Muss wie die goldglänzenden Figuren im Schloss Peterhof. Allerdings sind beide Ziele mit einer längeren Anfahrt verbunden. Eine lange Liegezeit in Sankt Petersburg ist daher Grundvoraussetzung für eine gelungene Ostseekreuzfahrt – zwei Tage sollten es auf jeden Fall sein, besser sind drei.

Sankt Petersburg ist aber bei weitem nicht der einzige reizvolle Anlaufpunkt an der Ostsee. Das polnische Danzig begeistert mit einer wunderbar restaurierten Altstadt, vom litauischen Klaipeda aus starten Ausflüge auf die Kurische Nehrung – ein Naturidyll mit romantischen kleinen Fischerorten, wo sich schon Thomas Mann wohlfühlte. Tallinn in Estland ist leider längst kein Geheimtipp mehr, aber trotzdem schön anzuschauen: Von der Burg auf dem Domberg aus schweift der Blick über ein Gewirr von mittelalterlichen Dächern und Pflasterstraßen, eingerahmt von einem mächtigen Bollwerk mit Wehrtürmen. Auf der anderen Seite der Ostsee warten die nordischen Hauptstädte Helsinki, Stockholm und Kopenhagen. Vor allem für Stockholm lohnt es sich, früh aufzustehen. Bei der Anfahrt zum Hafen durchquert das Schiff den Schärengarten mit seinen zahllosen kleinen Inseln, auf denen kleine knallrote Badehäuser Lust auf ein perfektes Sommerwochenende machen. Und in Sachen Design macht den Stockholmerinnen niemand etwas vor – Zeit für eine ausgiebige Shoppingtour.

SCHÖNWETTERGARANTIE AUF DEN KANAREN

Kanarenkreuzfahrten sind im deutschen Winter sehr beliebt. Die »Inseln des ewigen Frühlings« punkten mit rund 300 Sonnentagen im Jahr. Das milde Klima eignet sich auch für aktive Landausflüge. Auf Teneriffa lädt der bergige Nationalpark zu Wander- und Fahrradtouren ein, auf Fuerteventura kommen Wassersportler auf ihre Kosten. Gran Canaria ist eine unglaubliche Mischung aus Vulkanen, Wüsten, Stränden und tropischen Wäldern. In der Hauptstadt Las Palmas spürt man im Viertel Vegueta vergangenen Zeiten nach, in denen berühmte Seefahrer wie Columbus über das Pflaster spazierten. Kurze Strecken zwischen den Inseln sorgen für tägliche Abwechslung.

Manche Routen beinhalten auch einen Abstecher nach Marokko, etwa nach Agadir, von wo Ausflüge nach Marrakesch starten. An Silvester treffen sich die Kreuzfahrer meist vor Madeira, um das neue Jahr mit einem prächtigen Feuerwerk zu begrüßen.

TRAUMREISEN FÜR FORTGESCHRITTENE

TRANSATLANTIK

Sechs Tage nichts als Wasser. Was für manche nach einem Alptraum klingt, ist für erfahrene Seefahrerinnen Erholung pur. Tagsüber geht es entspannt zu. Man lauscht den Wellen, spürt den Wind auf der Haut, liest endlich das dicke Buch, das schon so lange im Regal wartete. Das geht auf jedem Schiff. Aber nur die »Queen Mary 2« bietet als letzter Transatlantikliner fünf Meter breite Flure und derartig viel Abwechslung an Bord. Nachmittags ein Vortrag oder ein Besuch im Planetarium? Abends ins Theater oder in den Pub? An den formellen Abenden schwebt man im Ballkleid übers Parkett. Oder man beobachtet einige der 347 allein reisenden Damen dabei, wie sie mit den Gentleman Hosts dasselbe tun. Puristen, die all diesen Schnickschnack nicht brauchen, schwören auf Atlantiküberquerungen mit Segelschiffen. Zumal diese sich deutlich mehr bewegen. Diese Reisen sind immer über Jahre im Voraus ausverkauft.

Ob von Ost nach West oder von West nach Ost ist eine Glaubensfrage. Beides hat seine Vorteile. In New York shoppen und ohne Gewichtsbegrenzung zurück nach Deutschland reisen ist zweifellos reizvoll. Hamburg–New York verkörpert hingegen den klassischen Auswanderertraum. Und wenn das Schiff dann noch am Hafengeburtstag ausläuft, ist das ein unvergessliches Erlebnis! Das Elbufer erscheint schwarz von all den Schiffsfans, die im strahlenden Sonnenschein der »Queen« zujubeln. Aus den Fenstern des noblen Hotels »Louis C.

Jacob« winken weiße Bettlaken. Dazu ein Glas Champagner und Erdbeeren. Das fühlt sich königlich an.

Nach einem Zwischenstopp in Southampton werden die Schotten endgültig dichtgemacht. Es ist etwas ganz Besonderes, sich vom eigenen Kontinent zu trennen und in internationale Gewässer zu gleiten. Einfach mal so zum Fünf-Uhr-Tee zu gehen, weil man gerade nichts anderes zu tun hat. Über weiße Handschuhe zu staunen, mit denen formvollendet warme *Scones* auf hübschem Porzellan serviert werden. Und während man sie genießt, einem Streichquartett zu lauschen. Die *Clotted Cream* im Fitnessstudio wieder abzutrainieren. Runde um Runde auf dem Promenadendeck zu drehen – eine ist 500 Meter lang. Sich zu wundern, dass so wenig Schiffe da draußen zu sehen sind und wie ruhig der Atlantik ist. Zu beobachten, wie die Mitreisenden beginnen, grundlos zu lächeln, die Gesichter sich glätten. An einer bestimmten Stelle auf dem Atlantik richten sich alle Fotoapparate auf die Meeresoberfläche: Knapp vier Kilometer unter dem Schiffsrumpf liegt die »Titanic«.

Wann kann man schon mal eine Reise machen, auf der jeder Tag 25 Stunden hat? Genau so wird die Zeitverschiebung zwischen Deutschland und der US-amerikanischen Atlantikküste an Bord umgerechnet. Mit einem Südbalkon (also auf der Backbordseite) hat man zudem jeden Tag Sonne. Wenn sie denn scheint. Auf dem Atlantik tastet sich das Schiff auch schon mal durch eine undurchsichtige graue Suppe, und man wird vom Nebelhorn geweckt. Aber aufgepasst: Selbst an solchen Tagen kann man sich im Whirlpool einen Sonnenbrand holen.

Am Tag vor der Ausschiffung sieht man sich im Atrium genauer um. Wo war eigentlich genau der Ausgang? Kaum vorstellbar, dass sich der geschlossene Kosmos morgen wieder nach außen öffnen wird! An Schlaf ist kaum zu denken. Außerdem hatte man davon in den letzten Nächten genug. Um fünf Uhr in der Früh gleitet die »Queen Mary 2« im Dunkeln unter der Verrazano-Narrows-Bridge hindurch und die ist wirklich »narrow« vom obersten Deck der »Queen« aus gesehen! Dann schlägt das Herz ein wenig schneller: die Freiheitsstatue! Nieselregen? Egal, das fühlt sich gleich ein wenig heimatlich wie in Hamburg an. Diese Skyline ist der Wahnsinn! New York bricht über die entspannten Seelen herein wie ein Wirbelsturm. All die Autos, das Hupen, die hektischen Menschen – da muss man sich erst einmal wieder dran gewöhnen! Am Abend schaut man der »Queen« ein wenig sehnsüchtig vom Hotelzimmer aus dabei zu, wie sie schon wieder ausläuft. Wenn New York nicht so spannend wäre, würde man am liebsten noch einmal mitfahren und acht Tage Langsamkeit genießen. Nicht schneller reisen als die Seele mitkommen kann.

SEGELTÖRN

Pünktlich um 6:35 Uhr krabbelt die Sonne langsam über das Gebirge am Horizont und hüllt es vollkommen in ihr goldenes Strahlen ein. Der Wind antwortet sogleich und frischt auf. Unzählige kleine Wellen kräuseln die Wasseroberfläche, als würde es regnen. Plötzlich wird es geschäftig an Deck: Der Kapitän lässt die Segel setzen. Überall wuseln Matrosen umher, die genau wissen, was zu tun ist: An diesem Tau ziehen, jenem Spiel geben und schon bläht der Wind das weiße Tuch auf. Die weiße Lady neigt sich leicht zur Seite und nimmt Fahrt auf. Mit ein wenig Glück können die Motoren nun ausgeschaltet werden und nichts stört mehr den Gesang von Wind und Wellen.

Eine Segelreise ist eine magische Erfahrung – der Erholungseffekt tritt scheinbar augenblicklich mit dem Ablegen ein. Animationsprogramm braucht hier keiner. Das Segelsetzen und die vorbeiziehende Landschaft bieten Eindrücke genug. Dazu vielleicht noch ein gutes Buch. Auf keinem Kreuzfahrtschiff ist man näher an den Elementen. Man hört am veränderten Plätschern des Wassers, das eine Delfinschule den Bug umspielt. Am Morgen führt der erste Weg mit kurzem Zwischenstopp am Kaffeeautomaten an Deck. Die kleinen und gemütlichen Kabinen dienen nämlich nur als Schlafzimmer. Wenn die See nicht spiegelglatt ist, gleichen die Bullaugen einer Waschmaschinentür: Immer wieder spült das Wasser übers Glas.

Ob die Seekrankheit auf einem Segelschiff häufiger auftritt? Zugegeben, es bewegt sich deutlich mehr als ein 300 Meter langer und 30 Meter breiter Kasten. Daher sortiere ich die Reise auch in die Kategorie für Fortgeschrittene ein. Aber die Bewegungen sind auch deutlich angenehmer. Dank seiner überschaubaren Größe kann der Segler durch die Wellen fahren, anstatt über sie zu stolpern, wie es sich manchmal auf einem großen Schiff anfühlt.

Trotz der räumlichen Nähe bleibt genug Platz zum Alleinsein. Die Dame mit Hut blickt bei Sonnenuntergang allein auf einer Liege am Heck in die Segel. Der Zigarrenfan spielt allabendlich bei einem Glas Rotwein Schach auf dem Sonnendeck. Segelfans sind ein entspanntes Volk, keiner drängt sich auf, und trotzdem ist der Umgang freundschaftlich. Auf dem deutschsprachigen Kreuzfahrtmarkt gibt es zwei Anbieter: Sea Cloud Cruises im Luxussegment – mit einer exquisiten Küche – und Star Clippers eine Kategorie darunter. Hier darf auch mal in den Mast geklettert oder am Bug im Netz gelegen werden. Von hier betrachtet man das Schiff fast wie von außen, kann beobachten, wie der Kiel das Wasser durchpflügt – ein absolutes Highlight!

Toppen kann man dieses Erlebnis eigentlich nur noch durch ein traumhaftes Segelrevier, wie beispielsweise die Seychellen. Auf den Seglern von Silhouette Cruises fängt der Kapitän als Freizeitbeschäftigung höchstpersönlich dicke Fische, die am gleichen Tag in der Mini-Bordküche schmackhaft zubereitet werden. Die Bananenstaude vor dem Küchenfenster färbt sich im Laufe einer Woche gelb und die Landausflüge führen die Passagiere auf kleine, traumhafte Privatinseln mit Stränden, von denen man im Vorhinein nicht zu träumen wagt. Mit dem Zodiac – einem robusten Schlauchboot – gelangt man direkt an den Strand, um bei Wanderungen durch den Dschungel über Vögel zu staunen, die am Boden brüten, weil sie einfach keine Feinde kennen. Am Nachmittag lässt man sich im Schatten des Segels auf dem Sonnendeck vom leichten Schaukeln des Schiffes in ein Nickerchen wiegen, um gleich danach wieder ins Wasser zu springen und bunte Fische mit Banane zu füttern. Und nein, das ist wirklich nicht übertrieben.

YACHTURLAUB

Ich verrate Ihnen jetzt mein eindrucksvollstes Schiffserlebnis unabhängig von der Destination. Eine Nacht unter dem Sternenhimmel – allein in einem Bett, das Platz genug für vier Personen geboten hätte. Zugegeben – ich war nicht ganz allein. Da stand eine Flasche Champagner in einem silbernen Kühler an meiner Seite. Eingekuschelt in einer warmen Bettdecke bewunderte ich die Milchstraße und fühlte mich königlich. Ich gebe zu, am frühen Morgen dann doch unter Deck in mein Bett geschlichen zu sein, weil mir zu kalt war. Aber das war die perfekteste Nacht, die man allein nur erleben kann. Wobei – zu zweit ist das sicher auch großartig!

Betten an Deck gehören zum Programm des SeaDream Yacht Club. Ebenso wie ein personalisierter Schlafanzug. Inkludierter Champagner und Kaviar. Großartige Steaks und Rotweine. Aber auch eine vorzügliche *Raw Cuisine,* von welcher der Schiffseigner überzeugt ist. Die beiden Yachten des Unternehmens bieten Platz für je nur 112 Personen und haben eine Marina im Heck. Regelmäßig ankert das Schiff mitten im Meer, um einen Schwimmstopp einzulegen oder die Jetskis und die Einhandsegler auszupacken. Alles natürlich im Reisepreis inkludiert. Leider hat diese Form des Reisens ihren Preis und fällt daher in die Kategorie »Fortgeschritten«. Auch die Nähe zu den Mitreisenden ist nicht jedermanns Sache. Am Ende der Reise kennt man buchstäblich jeden Passagier an Bord, spätestens beim Dinner oder an der Bar an Deck kommt man auch mit den meisten ins Gespräch. Die größtenteils aus den USA kommenden Stammgäste sind extrem offen und entspannt. Über Geld redet hier niemand. Man hat es einfach.

Etwas größere, dafür aber auch modernere Yachten (mit Tageslichtbad!) hat übrigens die Reederei Ponant. Französische Produkte und Gäste sorgen für ein stilvolles Miteinander. Und außergewöhnliche Routen tun ihr Übriges, sich hier wohlzufühlen. Die durchdesignten Schiffe können sogar ins Eis fahren.

EXPEDITION

Arktis oder Antarktis? Das ist eigentlich genau so eine unsinnige Frage wie Chanel- oder Hermès-Handtasche? Beides hat seinen Reiz und ist extrem kostspielig. Eine Expeditions-Kreuzfahrt ist mindestens so teuer wie eine »Birkin Bag«, dafür aber auch eine einmalige Erfahrung, die eigentlich in jedes Kreuzfahrerinnen-Leben gehört. In der Antarktis warten Pinguine und mächtige Tafeleisberge. Es ist kaum vorstellbar, auf dem unwirtlichen Kontinent als Mensch zu überleben. Das Gebiet der Arktis hingegen erstreckt sich vom Nordpol bis hin zu Regionen, die im Winter komplett zugefroren sind, während im Sommer Flechten blühen und viel Leben wahrnehmbar ist. So zum Beispiel Spitzbergen: Bei Temperaturen zwischen fünf und zehn Grad Celsius entdecken Kreuzfahrer im Sommer brütende Lummen am Vogelfelsen, sehen jugendlichen Walrossen beim Raufen zu und beobachten mit ein wenig Glück sogar Eisbären. Dabei gilt, je kleiner das Schiff, umso größer ist die Chance, den König der Arktis zu Gesicht zu bekommen.

Die geschulten Augen des Kapitäns erkennen einen Eisbären lange vor den Passagieren. Ich habe auf der Brücke des Traditionsschiffes »Stockholm« nach dem Tipp des Kapitäns bestimmt noch 20 Minuten mit dem Fernglas herumgefuchtelt, bis ich endlich den kalksteinfarbenen Fleck am Strand ausmachen konnte. Zum Glück schleicht der kleine Kutter sich noch ein wenig näher heran. Als das Schiff im Treibeis stoppt, erstarrt das Vibrieren der Motoren. Vor unseren Augen spielt sich eine unglaubliche Szenerie ab: Unweit des großen Tieres liegen am Strand zwei kleine Fellknäuel, die im Schlaf alle vier Tatzen von sich strecken. Stunden später kommt Leben in die Szenerie: Die Jungbären erwachen und tapsen durch das Eis. In einem Höhlensystem spielen sie Verstecken. Und schließlich kehren sie zur Mutter zurück, die sich aufrichtet, um sie zu säugen. An Bord herrschen fassungslose Stille, Staunen und Dankbarkeit für dieses besondere Erlebnis. Die Bilder haben sich für immer in den Seelen der glücklichen Passagiere verankert.

Bei strahlendem Sonnenschein ins Bett zu gehen ist nicht einfach. Umso leichter springt es sich aus dem Stockbett, wenn um kurz nach vier Uhr morgens der Ruf »Buckelwale!« durch den Schiffsbauch schallt. In Windeseile einen Pullover angezogen und hinaus in die taghelle Nacht. Die Möwen kreisen kreischend über dem Wasser, ein Indiz dafür, wo die Wale das nächste Mal auftauchen könnten. Plötzlich ist es soweit: Ein Schnaufen ertönt, während zwei graue Rücken in Zeitlupe durch den Atlantik gleiten. Die Kameras klicken im Akkord. Zum Glück wiederholen die Tiere das Schauspiel noch einige Male, nicht ohne dabei ab und an sogar ihre Fluke, die Schwanzflosse, zu zeigen. Begeisterungsrufe erklingen an Deck, dabei sollten wir doch still sein, wie uns der Expeditionsleiter geraten hatte. Doch wie nur, wenn das Herz angesichts eines solchen Anblicks fast zerspringt vor Glück?

Das Leben an Bord eines Expeditionsschiffes ist meist einfach. Dicker Pulli und Gummistiefel lautet der Dresscode. Doch es gibt auch Anbieter, die das Naturerlebnis mit einem Gala-Dinner verbinden und jede Menge Luxus an Bord offerieren. Während die Expeditionsschiffe früher eher praktisch ausgestattet waren, erwartet die Branche in den nächsten Jahren komfortable Neubauten mit technischen Raffinessen – von der Unterwasserkamera mit Mikrofon, deren Aufnahmen in die Lounge übertragen werden, bis hin zu Mini-U-Booten für die Passagiere.

FLUSSKREUZFAHRT

Flusskreuzfahrten gehören für mich zur Kategorie »Für Fortgeschrittene«, weil sie – wie Segelschiffe – ein gewisses Maß an Selbstgenügsamkeit erfordern. Das Unterhaltungsprogramm beschränkt sich meist auf einen Bordmusiker, der am Abend das Keyboard bedient und vielleicht noch ein paar Vorträge zur Region. Das Publikum an Bord ist älter als auf hoher See. Statistisch gesehen ist etwa die Hälfte der Gäste im Rentenalter, gefühlt sind es mehr. Aber langsam nimmt das Durchschnittsalter ab. Einige Reedereien bieten gezielt auch familienfreundliche Kabinen und Reisen mit Kinderbetreuung an. Die Mehrgenerationenreise auf dem Fluss liegt im Trend. Und die Senioren von heute sind deutlich fitter als die vorherige Generation. Radausflüge und Wandertouren werden gut nachgefragt.

Flusskreuzfahrten sind unglaublich erholsam. In einem langsamen Tempo zieht das Landschaftspanorama vor dem Fenster vorbei, das Wasser gluckert leise am Schiffsbauch entlang und man kann sich guten Gewissens und ohne Angst, an Bord etwas zu verpassen, früh am Abend mit einem Buch ins Bett zurückziehen. Schiffe jüngeren Baudatums haben auf mindestens einem Deck Kabinen mit »französischen Balkonen«. Das sind bodentiefe Fenster, die man öffnen kann, allerdings ohne die Möglichkeit, hinauszutreten. Einige Neubauten bieten sogar begehbare Balkone. Aber die 360°-Rundum-Aussicht auf dem Sonnendeck ist sowieso besser.

Die meisten Flusskreuzfahrten finden auf Rhein und Donau statt. Es gibt sogar Kombinationsreisen, die von Amsterdam bis nach Budapest führen. Sehr reizvoll sind aber auch die französischen Wasserstraßen. Die Seine schlängelt sich von Paris bis zu den Kreidefelsen am

Atlantik. Unterwegs warten Monets Seerosen und das mittelalterliche Rouen. Auf der Rhône geht es vom Gourmetparadies Lyon durch zahlreiche namhafte Weinregionen bis in die Papststadt Avignon. Hier starten Ausflüge in die rassige Camargue, mit Flamingos auf Salzwiesen und wilden weißen Pferden unter der Sonne Südfrankreichs. Mit sogenannten *Péniches,* umgebauten Lastkähnen, kann man auch kleinere Kanäle des Landes befahren. Oder wie wäre es mit einer Kreuzfahrt dem Fluss Douro folgend durch das Portweinrevier in Nordportugal?

An der Ostseeküste lassen sich Fluss- und Hochseekreuzfahrt sogar kombinieren: Von Stralsund aus geht es nach Hiddensee, Rügen und Usedom, bevor sich das Flussschiff landeinwärts durch den Nationalpark »Unteres Odertal« bewegt. Das intakte Naturparadies ist die Heimat zahlreicher Großvögel. Über das Schiffshebewerk Niederfinow – ein beeindruckendes Beispiel der Ingenieurskunst – fährt man weiter bis nach Berlin. Hier starten wiederum Elbe-Kreuzfahrten in die Lutherstadt Wittenberg, zum Meißner Porzellan, vorbei am

Dresdner Panorama und durch das Elbsandsteingebirge bis nach Prag. Auch quer durch Deutschland – von Berlin über den Mittellandkanal nach Bonn – führen die Routen der Flusskreuzfahrtveranstalter. Entsprechend kurz fällt dann auch die Anreise aus. Und in einem Punkt sind Flusskreuzfahrten dann doch auch etwas für Einsteiger: Vor Seekrankheit braucht sich hier niemand zu fürchten, und das Land ist meist nur wenige Meter entfernt – falls man es sich doch anders überlegt.

KREUZFAHRT-TRENDS DER ZUKUNFT

Von der Eisbomben-Elite hin zu einer Branche, die viele verschiedene Konzepte vereint – die Kreuzfahrt hat in den vergangenen Jahrzehnten eine rasante Entwicklung hingelegt. Ein Ende ist noch lange nicht in Sicht, im Gegenteil: Für die nächsten zehn Jahre sind rund 100 neue Kreuzfahrtschiffe geplant. Und nicht nur Superliner für mehr als 6000 Passagiere. Es ist auch eine Rückbesinnung auf kleinere Schiffe festzustellen. Zahlreiche Expeditionsneubauten werden anspruchsvolle Reisen mit viel Komfort verbinden. Und jede Reederei sucht nach dem eigenen Markenkern, um sich angesichts der wachsenden Konkurrenz abheben zu können.

Ein wichtiger Trend sind Themenkreuzfahrten – sowohl auf hoher See als auch bei den Flusskreuzfahrten. Sie erleichtern den Einstieg in die Kreuzfahrtwelt, denn egal ob Sportfreak oder Heavy-Metal-Fan: Wer erst einmal feststellt, wie vielseitig und bequem der Urlaub mit dem »schwimmenden Bett« ist, kommt oft auch ohne themenbezogenen Anlass gerne wieder.

Wer weiß, vielleicht wird es irgendwann sogar ein Kreuzfahrtschiff nur für uns Frauen geben? Bereits vor zehn Jahren hat eine Reederei Kabinen speziell nach den Bedürfnissen von Frauen designen lassen: mit viel Stauraum im Bad und einer Fußablage für die Beinrasur in der Dusche. Da ist noch viel Spielraum. *Frau* darf gespannt sein!

GLOSSAR

ACHTERN
Hier ruht der Blick auf dem eben noch Gegenwärtigen.
Weniger poetisch: hinten

ÄQUATORTAUFE
Wer zum ersten Mal in seinem Leben den Äquator per
Schiff überquert, kann sich an einer lustigen Veranstaltung auf dem Sonnendeck beteiligen. Bei der Äquator-
taufe werden die Täuflinge mit Eiswürfeln erfrischt
und ein wenig gepiesackt, beispielsweise müssen sie
seltsame Flüssigkeiten (teilweise mit Alkohol versetzt)
zu sich nehmen. Anschließend erhalten sie einen neuen
maritimen Namen (»Sabine Scholle«, »Ralf Rochen«)
und ein Zertifikat über die erfolgreiche Teilnahme.
Es handelt sich um die harmlose Variante einer alten
Seefahrertradition. Früher mussten die Täuflinge richtig
leiden! Inzwischen gibt es auch schon Abwandlungen
auf anderen Routen: Transkaribiktaufe usw.

BACKBORD
links – die Eselsbrücke dazu siehe unter »Steuerbord«

BOOT

Bitte bezeichnen Sie Ihr Kreuzfahrtschiff niemals als Boot, das wäre eine unhöfliche Degradierung. Ins (Rettungs-) Boot wird erst dann eingestiegen, wenn das Schiff nicht mehr fährt.

BORDKARTE

Diese unscheinbare Plastikkarte ist das wichtigste Gut für die Dauer der Kreuzfahrt, denn sie ist Kabinenschlüssel, Kreditkarte und Personalausweis in einem. Da es trotzdem immer wieder vorkommt, dass die Bordkarte auf unerklärliche Weise verlorengeht, experimentieren die Reedereien seit einiger Zeit mit Alternativen. Inzwischen gibt es sogar schon ganz ansehnliche Versionen – das sogenannte Ocean Medallion von Princess Cruises erinnert mehr an ein Schmuckstück als an ein All-inclusive-Armband. Diese Lösungen sind aber in jedem Fall deutlich stilvoller als die klassisch-pragmatische Vorgehensweise, die sich in der Kreuzfahrtwelt leider durchgesetzt hat: Bordkarte lochen lassen und an einem neonfarbenen Lanyard wie eine Hundemarke um den Hals hängen. Übrigens, für das Lanyard zahlt man extra.

CD

kurz für Cruisedirector. Er kümmert sich um das gesamte Entertainment an Bord – vom Theater bis zu den Landausflügen, wobei beides manchmal näher beieinanderliegt, als man denkt. Ist dem »HotMan« unterstellt.

F&B

Praktisch gesehen ist er der wichtigste Mann an Bord. Der F&B-Manager kümmert sich um die Vorräte und die Bestellungen von Nachschub. Nicht nur im Food & Beverage-Bereich, für den die zwei Buchstaben stehen, sondern auch im Non-Food-Sektor. Sprich: Wenn das Toilettenpapier ausgeht, ist er schuld.

GENTLEMAN HOSTS

sind meistens älter als 55 Jahre und werden von der Reederei als Tanzpartner für allein reisende Frauen gebucht. Als perfekte Gesellschafter sind sie Meister der gepflegten Konversationen. Einige Kreuzfahrtanbieter legen sogar Wert darauf, dass sie ledig sind. Dabei dürfen sie an Bord keine Beziehung eingehen, die über das gesellschaftliche Leben hinausgeht. Einige Schiffe haben inzwischen auch Hostessen an Bord, aber die Mehrheit der Alleinreisenden ist weiterhin weiblich.

HOTMAN

keine Bezeichnung für den süßesten Gentleman Host, sondern eine ganz pragmatische Abkürzung für Hotelmanager. So wie der Kapitän der Chef der Nautiker ist, hat er die Verantwortung für den gesamten Hotelbereich.

KNOTEN

bezeichnet die zurückgelegten Seemeilen pro Stunde. Das Wort stammt aus einer Zeit, in der man die Geschwindigkeit mithilfe eines Seils bestimmt hat, das zu Wasser gelassen wurde. Das Seil war in bestimmten Abständen mit Knoten markiert, sodass klar ersichtlich war, wie lange das Schiff braucht, um es zu passieren.

LANDAUSFLUG

Da eine Kreuzfahrt ein Rundum-sorglos-Paket ist, werden die Passagiere selbstverständlich auch an Land nicht alleingelassen – es sei denn, es wird gewünscht. Die Mehrheit der Passagiere entscheidet sich jedoch immer noch für einen von der Reederei organisierten Landausflug. Man bezahlt zwar etwas Geld, aber dafür muss man einfach nur dem Lollypop-Schild eines ortskundigen Führers folgen und bekommt alle wichtigen Informationen zur Destination in gut verdaulichen Häppchen. Der Nachteil am Landausflug sind die oftmals großen Reisegruppen. Zwar bekommt meist jeder einen Audio-Guide, damit er den Führer auch versteht, wenn dieser mit den Strebern schon zwei Straßen weiter ist, aber allein durch das Be- und Entladen des Reisebusses verliert man unendlich viel Zeit, von der es ja leider gerade auf Kreuzfahrten immer zu wenig gibt.

LANDGANG

Bei der Entscheidung für eine Kreuzfahrt lohnt sich ein genauer Blick auf die Route. Wenn ein Schiff laut Fahrplan sieben Stunden in einem Hafen liegt, fällt die Zeit für den Landgang etwas kürzer aus – denn alle Passagiere sollen spätestens eine halbe Stunde vor dem Ablegen zurück an Bord sein. Möchte man die Destination auf eigene Faust erkunden, tut man immer gut daran, Puffer in seinen Zeitplan einzubauen, falls mal etwas Unvorhergesehenes wie ein Stau oder eine Bahnverspätung dazwischenkommt. Außerdem ist es sehr amüsant, bereits mit einem Drink auf dem Achterdeck zu stehen und zu beobachten, wie das Fitness-Level der Passagiere auf der Pier kurz vor dem Ablegen plötzlich exorbitant steigt. Weitere Empfehlungen für den Landgang: Festes

Schuhwerk, Schmuck lieber an Bord lassen und in warmen Destinationen eine Flasche Wasser mitnehmen.

PANAMAX

Wenn ein Repeater (s. dort) von »Panamax« spricht, so meint er eine bestimmte Schiffsgröße: Panamax-Schiffe passen durch die kleineren Schleusenrouten des Panamakanals. Seit Juni 2016 gibt es einen größeren Schleusenweg. Die passenden Schiffe werden als »Neopanamax-Klasse« bezeichnet.

PASSENGER-SPACE-RATIO

beschreibt, wie viel Platz jedem Passagier an Bord rein rechnerisch zusteht

PULLMANBETT

ausklappbares Oberbett, das eine Zweier- zur Dreierkabine macht

REPEATER

sind das Gegenteil von Erstkreuzfahrern. Die Reedereien hegen und pflegen sie verständlicherweise. Sie werden zu speziellen Treffen mit Gratis-Cocktail eingeladen oder bekommen im Rahmen eines Bonusprogramms Abzeichen oder Vergünstigungen an Bord. Auf Luxusschiffen gehört das Repeater-Dasein zum guten Ton. Und wer oft genug an Bord war, darf vielleicht sogar mal mit dem Kapitän speisen.

RETTUNGSWESTE
ist in der Nähe eines kleinen, grünen Symbols in der Kabine zu finden – mal unterm Bett, mal im Schrank ... Im Notfall gibt es aber auch immer noch genügend Rettungswesten an den Sammelstationen. Praktischerweise steht vorne auch gleich drauf, zu welcher Sammelstation man gehört, sodass man bei plötzlicher Amnesie von der Crew dirigiert werden kann.

SAMMELSTATION
der Ort, an dem man sich nach Ertönen des Notfallalarms einzufinden hat. Man lernt ihn praktischerweise am ersten Tag der Kreuzfahrt bei der Rettungsübung kennen.

SEENOTRETTUNGSÜBUNG
Ja, auch als Wiederholungstäter müssen Sie zur Seenotrettungsübung. Sogar, wenn Sie die Kreuzfahrt direkt in der Woche davor mitgemacht haben. In Sicherheits-

fragen verstehen die Reedereien keinen Spaß, und das ist auch gut so. Nach dem jüngsten Schiffsunglück mit Todesfällen vor der italienischen Küste im Jahr 2012 wurden die Vorschriften sogar noch einmal verschärft. Die Seenotrettungsübung muss nun nicht erst in den ersten 24 Stunden nach, sondern vor dem Auslaufen stattfinden. Damit jeder Passagier weiß, wo er sich im Notfall einzufinden hat. Zum Glück gehören Schiffe zu den sichersten Verkehrsmitteln der Welt. Und das liegt auch an den strengen Vorschriften.

SEEMEILE

Eine Seemeile entspricht 1852 Metern. Die spezielle Distanzangabe der Schifffahrt hat mit nichts geringerem als dem Umfang unseres Planeten zu tun: Man stelle sich einen Gürtel rund um den Äquator vor – mit 360 Markierungen für die Gradzahlen. Jeder Grad lässt sich in 60 Bogenminuten unterteilen. Die Distanz einer Bogen-minute am Äquator entspricht einer Seemeile. Ist doch ganz einfach, oder?

SEETAG

Tag ohne Hafenbesuch – perfekt zum Ausschlafen und Erholen am Pool. Es soll schon Urlauber gegeben haben, die an der Rezeption verzweifelt gefragt haben, wo denn dieses »sea day« liegt, und die sich beschweren wollten, dass da gleich dreimal hingefahren wird.

SERVICECHARGE

wird bei US-amerikanischen Reedereien oft auf Getränke, Spa-Behandlungen etc. aufgeschlagen. Nicht gleichzusetzen mit Trinkgeld.

SITZUNG

Was nach Arbeit klingt, ist vollkommen entspannt. Bei der ersten und der zweiten Sitzung handelt es sich nicht um Meetings, sondern um Tischzeiten. Manche Schiffe haben nicht genügend Tische im Hauptrestaurant, damit alle Passagiere gleichzeitig speisen könnten. Hier wird dann in Schichten gegessen – die frühen Vögel (typischerweise Deutsche und Briten) dürfen von 18 bis etwa 21 Uhr der Kalorienaufnahme frönen, die Südländer folgen danach. Meist darf man eine Wunschzeit angeben.

STABILISATOR

Als ich in der Werft zum ersten Mal einen Stabilisator gesehen habe, war ich enttäuscht. Ich hatte ihn mir viel größer vorgestellt. Die kleinen Tragflügel befinden sich unterhalb der Wasseroberfläche an den Seiten des Schiffs und haben eine erstaunlich große Wirkung. Werden sie ausgefahren fährt der Dampfer von jetzt auf gleich wie auf einer Schiene.

STEUERBORD

rechts (leicht zu erkennen am Buchstaben »r«), das Gegenteil von Backbord

TENDERN

bezeichnet das Übersetzen mit Rettungsbooten an Land, weil das Schiff nicht an der Pier anlegen kann. Da Rettungsboot nach Alarm klingt, wird das orangene Gefährt kurzerhand in »Tenderboot« umgetauft. Aber »Tendern« (dem englischen Wort »tender« für »zärtlich« nicht unähnlich) ist eigentlich ein irreführender Begriff, denn der Vorgang ist alles andere als zärtlich. Erst verteidigt man seinen Platz in der Schlange, dann wird man von Matrosen kräftig am Unterarm gepackt und einem Platz zugewiesen, um im schlechtesten Fall so lange auf und ab zu schaukeln, bis auch der letzte Platz im Boot besetzt ist. Erfahrene Matrosen kreuzen die Wellen auf dem Weg zum Land geschickt, zu spüren sind sie aber dennoch deutlich. Wenn dann auch noch die

Luftzufuhr eingeschränkt ist, weil beispielsweise wegen
Regen alle Planen geschlossen werden, steigt das Risiko,
seekrank zu werden, exponentiell.

TRANSATLANTIKLINER

Schiffe, die den Großteil des Jahres im Liniendienst
zwischen den USA und Europa pendeln. Die Blüte
dieser luxuriösen Einheiten fand in den 1920er- und
30er-Jahren statt – ja genau, erst nach dem Untergang
der »Titanic«. Eine Legende unter den Transatlantik-
linern war die »Queen Elizabeth« der Cunard Line.
1940 gebaut, gehörte sie mit 314 Metern Länge zu den
größten ihrer Art. Heute fährt nur noch die »Queen
Mary 2« zahlreiche Transatlantikpassagen pro Jahr. Sie
beherbergt im Schiffsbauch ein interessantes Museum
über ihre berühmten Vorgängerinnen von Cunard.

TRINKGELD

kommt im Gegensatz zur Servicecharge direkt der Crew
zugute, ist oft sogar ein elementarer Bestandteil des
Lohns.

TUG

Angeberwissen für den Transferbus-Talk: An den Stellen, wo auf dem Schiffsbug die drei Buchstaben TUG aufgepinselt sind, ist die Bordwand verstärkt, sodass hier Schlepper (auch als »Tug« bezeichnet) bei Manövern problemlos gegendrücken können.

ABC DER HOCHSEEKREUZFAHRTANBIETER

AIDA CRUISES

Etwa die Hälfte aller deutschen Kreuzfahrer sind mit AIDA Cruises unterwegs. Damit ist die »Kussmundflotte« absoluter Marktführer hierzulande. 13 Schiffe, auf denen es entspannt zugeht, fahren unter dem Emblem. Einen Dresscode oder feste Tische im Restaurant gibt es hier nicht. Die Mahlzeiten werden größtenteils als Büfett dargeboten, Tischwein und Bier sind im Reisepreis enthalten. Vor einem ausufernden Animationsprogramm wie es das früher noch auf AIDA-Schiffen gab, braucht sich niemand mehr zu fürchten.

Konzernzugehörigkeit: Carnival Corporation

Preis: ♟ ♟

AZAMARA CLUB CRUISES

Drei Schiffe, auf denen jeweils 700 Passagiere Platz finden, zählt diese US-amerikanische Marke. Die Hardware ist zwar älter, dafür punktet der Anbieter mit außergewöhnlichen Routings, langen Aufenthalten in den Häfen und exklusiven Landausflügen. Perfekt für Paare.

Konzernzugehörigkeit: Royal Caribbean Cruises

Preis: ♟ ♟ ♟

CARNIVAL CRUISE LINE

Die Mutter der Spaßkreuzfahrt fährt zu günstigen
US-Preisen in die Karibik, ist aber auch in Europa
unterwegs. Deutsche Passagiere verirren sich nur selten
an Bord. Auch wenn es deutsche Menükarten gibt,
sind gute Englischkenntnisse hier unerlässlich. 25 Schiffe
gehören zum Portfolio.
Konzernzugehörigkeit: Carnival Corporation
Preis: ⚓

CELEBRITY CRUISES

Nein, hier fahren nicht unbedingt mehr Stars und
Sternchen mit, aber das Ambiente ist auf jeden Fall im
Premiumsegment angesiedelt. Besonders die jüngsten
Schiffe überzeugen mit einem innovativen Design, in
dem sich trendbewusste Kosmopolitinnen wohlfühlen.
Außerdem hat Celebrity Cruises auch drei kleine Schiffe
im Portfolio, die rund um die Galapagos-Inseln unter-
wegs sind.
Konzernzugehörigkeit: Royal Caribbean Cruises
Preis: ⚓ ⚓

CELESTYAL CRUISES

Die kleine zypriotische Reederei ist mit älteren Schiffen unterwegs, die von einer herzlichen Crew mit Leben erfüllt werden. Das gastronomische Angebot gestaltet sich lecker und bodenständig. Das Preis-Leistungs-Verhältnis ist gut. Neben Reisen rund um die griechischen Inseln werden auch Kubakreuzfahrten angeboten. In Deutschland vertreten durch H&H Touristik.

Konzernzugehörigkeit: selbstständige Marke

Preis: ⛴

COSTA KREUZFAHRTEN

Kreuzfahrt auf italienische Art: Guter Kaffee und prima Pizza sind auf diesen Schiffen selbstverständlich. Das Publikum ist sehr international, neben Italienern finden sich auch viele Spanier und Deutsche an Bord. Die Stimmung wirkt oft recht lebhaft, vor allem im Sommer, da Kinder auf fast allen Schiffen kostenlos in der Kabine der Eltern mitfahren können.

Konzernzugehörigkeit: Carnival Corporation

Preis: ⛴

CRYSTAL CRUISES

An Bord der älteren Schiffe wird Luxusleben offeriert: Butler-Service in den Suiten, sehr gutes Essen und inkludierte Premiumgetränke bis hin zum Champagner gehören einfach dazu. Das Publikum ist größtenteils US-amerikanisch und etwas älter – für Familien sind diese Schiffe weniger geeignet.

Konzernzugehörigkeit: Genting Hong Kong

Preis: ♛ ♛ ♛ ♛

CUNARD LINE

Auf den drei Schiffen der Cunard Line schippert es sich königlich: Hier gibt es noch unterschiedliche Klassen, Fünf-Uhr-Tee und festliche Bälle wie in alten Zeiten.

Konzernzugehörigkeit: Carnival Corporation

Preis: ♛ ♛

DISNEY CRUISE LINE

Das Paradies für Familien ist leider nicht sehr kostengünstig, aber dafür sind an Bord der vier Schiffe nicht nur Mickey Mouse und Co. unterwegs, sondern auch echte Prinzessinnen. Und die Kinder lernen spielend Englisch.

Konzernzugehörigkeit: Disney

Preis: ♛ ♛ ♛

FTI CRUISES

Das treue deutschsprachige Publikum der »FTI Berlin«
erinnert sich gern daran, dass ihr Schiff einst das
TV-Traumschiff war. Die 412 Passagiere erleben
Fahrplan-Highlights wie den Kanal von Korinth.
Solide Mittelklasse.
Konzernzugehörigkeit: FTI
Preis: ♟

HANSA TOURISTIK

Die »Ocean Majesty« des Stuttgarter Familienunternehmens ist mit 500 Passagieren in eher traditionellem Fahr-
wasser mit älterem Publikum unterwegs. Viele Abfahrten
in deutschen Häfen.
Konzernzugehörigkeit: selbstständige Marke
Preis: ♟ ♟

HAPAG-LLOYD CRUISES

Mit der »Europa« und der »Europa 2« führt das Hamburger Traditionshaus das deutsche Luxussegment an.
Außerdem kreuzen noch zwei ältere Expeditionsschiffe
für den Veranstalter, von denen eines 2019 jedoch gegen Neubauten ausgetauscht wird. Extrem gutes Essen,

moderate Nebenkosten und anspruchsvolle Lektoren
gehören zur Unternehmens-DNA.
Konzernzugehörigkeit: TUI
Preis: ♟ ♟ ♟ ♟

HOLLAND AMERICA LINE

Mit langer Auswanderertradition hat sich die Holland
America Line zu einer soliden Premiummarke gewandelt.
Auf den 16 Schiffen sind viele verschiedene Nationen
unterwegs.
Konzernzugehörigkeit: Carnival Corporation
Preis: ♟ ♟

HURTIGRUTEN

Die Norweger betreiben nicht nur die Postschiffroute
entlang ihrer Küste, sondern auch einige Expeditionsschiffe, die in Arktis und Antarktis unterwegs sind. Zwei
weitere sind bereits bestellt. Auf allen Einheiten sind
Wollpulli statt Abendkleid und Gummistiefel statt Pumps
angesagt. Die Natur steht im Fokus.
Konzernzugehörigkeit: selbstständige Marke
Preis: ♟ ♟ ♟

MSC CRUISES

Der Kreuzfahrtableger der Containerreederei sollte bei Gründung nur ein Spielzeug für die Reederstochter sein. Daraus ist die größte Kreuzfahrtflotte eines Familienunternehmens geworden. Und die mediterrane Schiffssammlung wächst massiv weiter – mit modernen Neubauten, auf denen der Cirque du Soleil zu Gast ist. Das Publikum ist international, die Marke bezeichnet sich als mediterran.

Konzernzugehörigkeit: selbstständige Marke

Preis: ♟

NORWEGIAN CRUISE LINE

Die Vorzeigemarke des drittgrößten Players in der Kreuzfahrtwelt ist für exzellentes Entertainment inklusive Broadwayshows bekannt. Außerdem gibt es Hochseilgärten, Free-Fall-Wasserrutschen und jede Menge anderer Aktivitäten an Bord. Das Publikum kommt überwiegend aus den USA, die Stimmung ist entspannt. In Europa sind auf den Freestyle-Schiffen viele Leistungen wie Trinkgelder und Getränke bereits inkludiert.

Konzernzugehörigkeit: Norwegian Cruise Line Holdings

Preis: ♟ ♟

OCEANIA CRUISES

Vier kleine Schiffe mit langer Geschichte und zwei
überschaubare Neubauten bilden die Flotte der
Premiumreederei, die für ihr hohes kulinarisches Niveau
bekannt ist. Die feinen Speisen werden natürlich auf
Versace-Tellern serviert.

Konzernzugehörigkeit: Norwegian Cruise Line Holdings

Preis: ♚ ♚ ♚

PHOENIX REISEN

Der Bonner Reiseveranstalter ist bekannt durchs Fern-
sehen: »Verrückt nach Meer« und die jüngeren Traum-
schifffolgen spielen an Bord der Phoenix-Schiffe. Auch
das alte TV-Traumschiff, die legendäre »Deutschland«,
gehört im Sommer zur Flotte. Kapitänstisch und Frühschoppen sind Pflichtprogramm, die Crew ist herzlich.
Das Preis-Leistungs-Verhältnis gestaltet sich absolut fair,
die Nebenkosten bleiben moderat.

Konzernzugehörigkeit: selbstständige Marke

Preis: ♚ ♚

PLANTOURS

Der Bremer Veranstalter ist mit einem kleinen Hochsee-schiff, der »Hamburg«, auf hoher See unterwegs. Aus-gelegt auf gerade mal 420 Passagiere kann sie auch die Großen Seen Nordamerikas befahren. Solides deutsches Mittelklasseprodukt.

Konzernzugehörigkeit: selbstständige Marke

Preis: ♟ ♟

P&O CRUISES

P&O steht für Peninsular & Oriental, also die Reederei, die die Kreuzfahrt erfunden hat. Die britische Marke betreibt acht Schiffe, von denen drei erwachsenen Passagiere vorbehalten sind. An Bord erleben sie eine traditionelle Hochsee-Kreuzfahrt mit britischem Flair.

Konzernzugehörigkeit: Carnival Corporation

Preis: ♟ ♟

PONANT

Vier stylische Yachtschwestern für je rund 250 Passa-giere fahren sowohl ins Eis, als auch im Mittelmeer. Vier kleinere Neubauten kommen ab 2018 hinzu, die auch ausgefallene Warmwasserexpeditionen anbieten. Ihnen folgt 2021 noch ein Eisbrecher, der sogar bis zum Nord-

pol fahren kann. Bordsprachen sind Französisch und
Englisch. Kreuzfahrt mit französischem Savoir-vivre und
inkludiertem Champagner.

Konzernzugehörigkeit: selbstständige Marke

Preis: ♟♟♟♟

PRINCESS CRUISES

US-Marke im Premiumsegment, die in Deutschland eher
unbekannt ist. 17 Schiffe zählt die Flotte, die durch das
»Love Boat« bekannt wurde – mit Größen zwischen 700
und 4000 Passagieren.

Konzernzugehörigkeit: Carnival Corporation

Preis: ♟♟

REGENT SEVEN SEAS CRUISES

Den Neubau »Seven Seas Explorer« bezeichnet der
Veranstalter selbstbewusst als luxuriösestes Schiff der
Welt. In der Regent Suite wartet ein 150.000 Dollar-Bett,
zur Kunstsammlung gehören Originale von Picasso und
Chagall. Auch kulinarisch schwimmen die vier Schiffe auf
hohem Niveau.

Konzernzugehörigkeit: Norwegian Cruise Line Holdings

Preis: ♟♟♟♟

ROYAL CARIBBEAN INTERNATIONAL

Schon früh baute die Nummer Zwei auf dem internationalen Kreuzfahrtenmarkt Rekordschiffe, und auch heute
hält die US-Reederei den Titel des größten Schiffs der
Welt: Die »Symphony of the Seas« bietet Platz für bis zu
6870 Passagiere! Kletterwand und Surfsimulator gehören zur Grundausstattung.
Konzernzugehörigkeit: Royal Caribbean Cruises
Preis: ♛ ♛

SEA CLOUD CRUISES

Mit zwei edlen Seglern macht das Hamburger Unternehmen von sich reden: Auf der ursprüglichen »Sea Cloud«
ließ es sich schon Zsa Zsa Gabor gutgehen! Auch der
etwas größere Nachbau »Sea Cloud 2« überzeugt mit
seinem hohen kulinarischen Niveau und seinen schicken
Kabinen mit Marmorwaschtischen neben viel Messing
sowie edlen Hölzern.
Konzernzugehörigkeit: selbstständige Marke
Preis: ♛ ♛ ♛ ♛

SEABOURN CRUISE LINE

Kaviar und Champagner satt, kulinarische Vielfalt auf hohem Niveau, hier reist eine vorwiegend US-amerikanische Klientel im besten Alter und ohne Kinder. Die Schiffe bieten Platz für 450 oder 600 Passagiere – eine tolle Größe zum Genießen!
Konzernzugehörigkeit: Carnival Corporation
Preis: ♛♛♛♛

SEADREAM YACHT CLUB

Nachts an Deck schlafen, morgens im Meer schwimmen und mittags hervorragende *Raw Cuisine* genießen – das ist SeaDream. Überflüssig zu erwähnen, dass auch hier der Champagner inkludiert ist. Die Stimmung an Bord ist trotz des Luxus sehr entspannt – typisch amerikanische Yacht eben.
Konzernzugehörigkeit: selbstständige Marke
Preis: ♛♛♛♛

SILHOUETTE CRUISES

Der Reiseveranstalter mit Sitz auf den Seychellen hat zwei klassische und zwei jüngere Segelyachten im Angebot. Sie sind ausgelegt auf 16 bis 18 Passagiere. Auf den beiden älteren Schiffen teilt man sich Dusche und WC. Die Ausstattung ist einfach, aber gemütlich. Taucher und Schnorchler kommen voll auf ihre Kosten.

Konzernzugehörigkeit: selbstständige Marke

Preis: ⛴ ⛴

SILVERSEA CRUISES

Die Luxusreederei mit Sitz in Monaco hat derzeit neun Schiffe im Einsatz, etwa die Hälfte ist auf Expeditionskurs unterwegs. Mit dem Neubau »Silver Muse« wird aber auch der klassische Jetset angesprochen. Sie bekommt 2020 eine Schwester mit dem klangvollen Namen »Silver Moon«. All-inclusive ist selbstverständlich.

Konzernzugehörigkeit: selbstständige Marke

Preis: ⛴ ⛴ ⛴ ⛴

STAR CLIPPERS

Zwei Vier- und ein Fünfmaster kreuzen für Star Clippers. Das Ambiente an Bord: entspannt. Die Schiffe sind Nachbauten klassischer Großsegler aus dem 19. Jahrhundert. Aktuell erfüllt sich der schwedische Eigner Mikael Krafft einen weiteren Kindheitstraum und baut das größte Segelschiff der Welt nach, die »France II«. Der Fünfmaster für 300 Passagiere soll noch 2018 unter dem Namen »Flying Clipper« starten.
Konzernzugehörigkeit: selbstständige Marke
Preis: ⚓ ⚓ ⚓

TRANSOCEAN KREUZFAHRTEN

Die einst deutsche Marke fährt inzwischen unter dem britischen Veranstalter Cruise & Maritime Voyages. Seither ist das deutsche Flaggschiff »Astor« nur im Sommer mit deutschen Gästen unterwegs, im Winter fährt es mit englischsprachigen Passagieren rund um Australien. Auch die englischen Schiffe »Magellan« und »Columbus« sind von Deutschland aus buchbar.
Konzernzugehörigkeit: selbstständige Marke
Preis: ⚓ ⚓

TUI CRUISES

2007 gegründet, ist TUI Cruises inzwischen mit sechs
Schiffen die zweitgrößte Reederei Deutschlands.
Die zwei Schiffe, mit denen der Veranstalter startete,
scheiden in Kürze aus der Flotte aus, die dann aus-
schließlich aus umweltfreundlichen Neubauten besteht.
Das Wohlfühlkonzept umfasst viele inkludierte Leistun-
gen, dazu zählen auch die Getränke.
Konzernzugehörigkeit: Royal Caribbean Cruises und TUI
Preis: ⚓ ⚓

Legende:
⚓ – durchschnittlicher Tagespreis:
bis 200 Euro pro Person
⚓ ⚓ – durchschnittlicher Tagespreis:
200 bis 350 Euro pro Person
⚓ ⚓ ⚓ – durchschnittlicher Tagespreis:
350 bis 550 Euro pro Person
⚓ ⚓ ⚓ ⚓ – durchschnittlicher Tagespreis:
mehr als 550 Euro pro Person

(basierend auf tagesaktueller Internetrecherche)
Alle Angaben ohne Gewähr.

ABC DER FLUSSKREUZFAHRTANBIETER

1AVISTA REISEN

Die All-inclusive-Flusskreuzfahrtreederei kombiniert häufig Landprogramme mit Flussreisen. Neben den Angeboten in aller Welt punkten die Kölner mit Spezialreisen, etwa dem einzigen Angebot für Hundebesitzer sowie mit vielen Rad- und Schiffstouren.

Preis: ♛ ♛

AMADEUS FLUSSKREUZFAHRTEN

Die schicken Flussschiffe der österreichischen Reederei Lüftner Cruises schwimmen im Premiumsegment und haben teilweise sogar begehbare Balkone zu bieten. Zu den Fahrtgebieten zählen Rhein, Main und Donau sowie Rhône und Saône.

Preis: ♛ ♛ ♛

A-ROSA FLUSSSCHIFF GMBH

Elf moderne Kreuzer mit Rose am Bug schwimmen für das Rostocker Unternehmen auf europäischen Flüssen. Charakteristisch sind das Premium-Alles-Inklusive-Konzept und das Büfett mit Live-Cooking – was den Altersschnitt an Bord senkt. Auf den jüngsten Schiffen gibt es sogar

Familienkabinen. Toll für Spa-Liebhaberinnen: Die Rhein-schiffe haben einen Whirlpool im Bug! Und für Gourmets sind die Rhône-Kreuzfahrten ein Muss.
Preis: ♟♟♟♟

CROISI EUROPE

Der französische Marktführer für Flusskreuzfahrten ist über seine Generalvertretung Anton Götten Reisen in Saarbrücken auch in Deutschland buchbar. Zu den Alleinstellungsmerkmalen gehören sogenannte **Péniches** auf kleinen französischen Flüssen sowie Schiffe auf den Flüssen Guadalquivir, Guadiana, Gironde und auf der Loire. Getränke zu den Mahlzeiten und WLAN sind bereits im Reisepreis inkludiert.
Preis: ♟♟♟

DERTOUR FLUSSREISEN

Mit rund 35 Schiffen hat der große deutsche Reiseveranstalter eine umfangreiche Auswahl unterschiedlichster Anbieter zusammengestellt. Praktisch: In exotischen Destinationen werden Flusskreuzfahrten auch schon mal mit Landprogrammen kombiniert. Wer mit einem Schaufelraddampfer auf dem Spuren Mark Twains über den Mississippi gleiten möchte, findet mit der »American Queen« bei Dertour das einzige Angebot in Deutschland.

Preis: 🚢🚢🚢🚢

LERNIDEE ERLEBNISREISEN

Der Berliner Veranstalter hat sich mit Zugreisen einen Namen gemacht, ist aber auch auf vielen ausgefallenen Flüssen unterwegs. Zu denen zählen der Mekong in Laos und der Lena in Russland.

Preis: 🚢🚢🚢🚢

NICKO CRUISES

Der Stuttgarter Veranstalter bietet ein buntes Portfolio aus europäischen Flusskreuzfahrten zum Einstiegstarif. Aktuell umfasst die Flotte 25 Flussschiffe, 2019 soll der erste Hochseekreuzer starten.

Preis: 🚢

PHOENIX REISEN

Etwa 40 Flussschiffe gehören zur Flotte der familiär geführten Reederei – entsprechend umfangreich ist das Angebot. Es reicht von deutschen Klassikern bis hin zum Rio Negro oder dem Brahmaputra. Auch in Ägypten und Russland zeigen die Bonner Präsenz.

Preis: ♟

PLANTOURS KREUZFAHRTEN

Neben einem Hochseeschiff, der »Hamburg«, hat der Bremer Veranstalter je einen Flusskreuzer in Russland sowie auf Rhein, Main und Donau im Programm. Die kleine »Sans Souci«, deren Kapitän auch gleichzeitig der Eigner ist, fährt für Plantours vorwiegend auf der Elbe.

Preis: ♟ ♟

REISEBÜRO MITTELTHURGAU

Der Schweizer Veranstalter setzt mit der eigenen Excellence-Flotte in Europa Premiumstandards. Besonderer Tipp für Feinschmeckerinnen: Auf dem jährlich im Herbst stattfindenden Gourmetfestival kann man sich von Spitzenköchen verwöhnen lassen.

Preis: ♟ ♟ ♟ ♟

SE-TOURS

Flusskreuzfahrten für Radfreunde sind die Spezialität
von SE-Tours – auf Seglern und historischen Schiffen.
Darüber hinaus gibt es das klassische Rundumprogramm
auf europäischen Flüssen.

Preis: ♦

THURGAU TRAVEL

Der Fluss Irrawaddy in Myanmar ist sein Spezialgebiet:
Hier ist der Schweizer Veranstalter mit eigenen Schiffen
unterwegs. Außerdem hat er zwei Motoryachten vor
der kroatischen Küste sowie mit der »Thurgau Ultra« ein
Luxusschiff auf Rhein und Donau im Portfolio.

Preis: ♦ ♦ ♦ ♦

Legende:

♦ – durchschnittlicher Tagespreis:
circa 100 Euro pro Person

♦ ♦ – durchschnittlicher Tagespreis:
circa 120 Euro pro Person

♦ ♦ ♦ – durchschnittlicher Tagespreis:
circa 150 Euro pro Person

♦ ♦ ♦ ♦ – durchschnittlicher Tagespreis:
circa 180 Euro pro Person

(basierend auf tagesaktueller Internetrecherche)
Alle Angaben ohne Gewähr.

Die Reisejournalistin **Peggy Günther** ist seit zehn Jahren vor allem in der Kreuzfahrtbranche unterwegs. Sie war schon auf mehr als 90 Schiffen zu Gast und hat von Spitzbergen bis zu den Seychellen die vielfältigsten Destinationen bereist. Ihre Beiträge erscheinen regelmäßig in namhaften Zeitungen, Magazinen und Reiseführern. Mit ihrem Alter Ego »Cruisine« zeigt sie zudem im Internet mit unterhaltsamen Kolumnen Flagge. Mehr unter **www.cruisine.de**

IMPRESSUM

Texte: Peggy Günther
Lektorat: Stephan Thomas, München
Muster: The Paper Town/Creative Market
Illustrationen: ayax/Shutterstock (S. 9, 15, 45, 56–58, 61, 87, 103, 121, 138–152, 154–158); rtguest/Shutterstock (Umschlag); tovovan/Shutterstock (S. 27)
Covergestaltung: Arnold & Domnick, Leipzig
Layout und Satz: Nina Benjamins, FSM Premedia, Münster
Produktmanagement: Christine Rauch
Druck und Bindung: Finidr s.r.o., Tschechische Republik

© Lifestyle BusseSeewald in der frechverlag GmbH, Turbinenstraße 7, 70499 Stuttgart, 2018

1. Auflage 2018

ISBN: 978-3-7724-7473-6 • Best.-Nr. 7473